AF396457

L'UNIVERSITÉ

DE

PARIS

ET LES ÉTABLISSEMENTS PARISIENS

D'ENSEIGNEMENT SUPÉRIEUR

(1903-1904)

PUBLICATION
DE L'UNIVERSITÉ DE PARIS

1904

Cette notice a été rédigée par M. URI, docteur ès lettres, Secrétaire des Conférences de la Faculté des Lettres de l'Université de Paris.

L'UNIVERSITÉ
DE PARIS

ET LES ÉTABLISSEMENTS PARISIENS

D'ENSEIGNEMENT SUPÉRIEUR

(1903-1904)

COULOMMIERS

Imprimerie PAUL BRODARD.

L'UNIVERSITÉ

DE

PARIS

ET LES ÉTABLISSEMENTS PARISIENS

D'ENSEIGNEMENT SUPÉRIEUR

(1903-1904)

PUBLICATION

DE L'UNIVERSITÉ DE PARIS

—

1904

RENSEIGNEMENTS GÉNÉRAUX

CHAPITRE I

*L'Université de Paris. — Ses organes. — Son budget.
Sa situation actuelle.*

Vieille de six siècles, l'*Université de Paris* tient son organisation actuelle de la loi du 10 juillet 1896 et des décrets du 21 juillet 1897.

Font partie de l'Université :

La Faculté de Théologie protestante,
La Faculté de Droit,
La Faculté de Médecine,
La Faculté des Sciences,
La Faculté des Lettres,
L'École supérieure de Pharmacie.

A l'Université est rattaché l'Observatoire de Nice, établi au Mont-Gros, près Nice, comprenant divers bâtiments et terrains d'une contenance de 55 hectares, pourvu d'instruments scientifiques, d'une bibliothèque spéciale de plus de 6 000 volumes, et doté du revenu d'une somme de 2 500 000 francs. Cet observatoire a été donné, ainsi que le capital destiné à son entretien, par M. Bischoffsheim, et cette donation a été acceptée par décret du 19 décembre 1899. L'Observatoire est dirigé par un comité scientifique composé de membres de l'Institut et de professeurs de l'Université de Paris.

Enfin, à dater du 1er novembre 1904, en vertu d'un décret présidentiel du 10 novembre 1903, l'École normale supérieure[1], qui jusqu'à

L'Université.

Observatoire
de Nice.

École Normale
supérieure.

---

1. Voir, sur les détails de son organisation et les enseignements qui y sont donnés, page 52.

présent constituait un établissement distinct destiné à former des professeurs, sera réunie à l'Université de Paris, mais conservera un budget propre et une administration particulière placée sous l'autorité du vice-recteur de l'Académie.

Le Conseil de l'Université.

A la tête de l'Université est placé le vice-recteur de l'Académie, qui préside le conseil de l'Université, composé des doyens des Facultés, du directeur de l'École supérieure de Pharmacie, *membres de droit*, et de membres élus par chacun des établissements qui sont représentés dans le conseil (deux délégués par chaque Faculté ou École supérieure de Pharmacie).

Membres du Conseil.

Le Conseil de l'Université, présidé par M. le vice-recteur *Liard*, a actuellement pour membres MM. les doyens *Stapfer* (théologie protestante); *Glasson* (droit); *Debove* (médecine); *Appell* (sciences); *Croiset* (lettres); M. *Guignard*, directeur de l'École supérieure de Pharmacie et MM. les professeurs *Bonet-Maury* et *Ménégoz* (théologie protestante); *Lyon-Caen*, *Cauwès* (droit); *Pinard*, *Joffroy* (médecine); *Bonnier*, *Lippmann* (sciences); *Lavisse*, *Boutroux* (lettres); *Bouchardat*, *Prunier* (École supérieure de Pharmacie); M. le doyen *Appell* est vice-président et M. le professeur *Lavisse*, secrétaire du Conseil.

Attributions du Conseil.

Le Conseil statue sur tout ce qui touche aux biens de l'Université, à l'organisation des cours et conférences des Facultés, aux œuvres dans l'intérêt des étudiants; il délibère sur les dons et legs, sur la création d'enseignements rétribués sur les fonds de l'Université, et donne son avis sur les budgets et comptes de l'Université et des facultés, et sur toutes les questions qui lui sont soumises par le vice-recteur ou le ministre. Il examine enfin les affaires contentieuses et disciplinaires.

Budget.

Le budget spécial proprement dit. *de l'Université de Paris*, établi pour 1904, s'élève à la somme de 1 399 464 fr. 80 (recettes et dépenses)[1]. Ses recettes se composent des droits perçus au profit de l'Université (droits d'immatriculation, d'inscription, de bibliothèque, de travaux pratiques, de laboratoires de recherches, droits afférents aux titres Universitaires) et des subventions de l'État, des particuliers, des sociétés, des villes, etc.

Donations.

En vertu de la loi du 4 février 1901, les Universités et les Facultés sont des établissements publics capables de recevoir des libéralités.

---

1. Le budget des dépenses pour le personnel des Facultés de l'Université de Paris (*budget de l'État*) s'élève pour 1904 à 3 270 550 francs.

Les principales donations faites à l'Université[1] depuis 1897 sont les suivantes :

1° *La donation de la baronne de Hirsch* (1898) : 100 obligations de l'emprunt chinois dont le revenu est employé à subvenir aux besoins d'étudiants français et étrangers, en cours d'études ;

2° *La donation de M. Albert Kahn* (1898) : bourses de voyage autour du monde de 16500 francs chacune, en faveur d'agrégés de l'enseignement secondaire, en nombre variable, 5 ou 3 par an;

3° *La donation de M. Bischoffsheim* (1899), indiquée plus haut (Observatoire de Nice);

4° *La donation de Mme veuve Armand Colin et de ses deux filles Mmes Bérard et Leclerc* (1901) : 100 000 francs dont l'intérêt (3 000 francs) est employé : 1° à donner tous les ans 3 bourses de vacances à l'étranger, de 600 francs, à des instituteurs adjoints ou institutrices adjointes n'ayant pas plus de trois ans d'exercice ou à des élèves sortants des Écoles normales primaires; 2° à donner tous les deux ans une bourse de séjour à l'étranger de 2 400 francs à un étudiant de la Faculté des lettres ou de la Faculté des sciences de Paris, licencié et fils d'instituteur;

5° *La donation de la Société des amis de l'Université*[2] (1901) : bourses de séjour à l'étranger et subventions aux laboratoires (10 000 francs environ par an).

Au 15 janvier 1904 le nombre d'étudiants de l'Université de Paris était de 12 985.

Étudiants.

Voici la liste des chaires et emplois *relatifs à l'enseignement* créés dans les Facultés sur les fonds de l'Université, depuis la fondation de l'Université jusqu'à ce jour.

Fondations de l'Université.

Droit.	Chaire d'histoire du droit public romain.	1898
	Cours complémentaire d'histoire des traités . . .	—
	Agrégé (droit romain).	1899
	— sans cours	—
	— sciences économiques	1900
	Chaire d'histoire des traités (transformation du cours).	1900
	Cours complémentaire de législation et économie rurales	—

1. Les donations faites aux Facultés seront énumérées à propos de chaque Faculté.
2. La Société des Amis de l'Université de Paris, qui compte actuellement 824 adhérents, « a pour but de favoriser le développement de cette Université » par la création d'enseignements, par des subventions aux bibliothèques et laboratoires, des secours aux étudiants, etc. Elle a son siège, 5, rue de la Sorbonne.

Droit.	Cours complémentaire de législation civile comparée.	1901
	Agrégé	—
	Cours complémentaire d'histoire des doctrines économiques	1901
	Chaire de législation et économie rurales (transformation du cours).	1902
	Chaire d'histoire des doctrines économiques (transformation du cours).	1902
Médecine.	Agrégé d'accouchement.	—
	— d'anatomie.	—
Sciences.	Cours complémentaire de physiologie expérimentale.	1898
	— de chimie appliquée. . . .	1899
	Chaire d'histologie.	—
	Chaire de physique générale.	—
	Conférence préparatoire à l'agrégation de mathématiques.	1901
	Conférence préparatoire à l'agrégation des sciences physiques.	1901
Lettres.	Cours complémentaire de psychologie expérimentale.	1898
	Maîtrise de conférences d'histoire des civilisations de l'Extrême-Orient.	1899
	Chaire d'histoire de l'art.	1899
	Chaire de langue et littérature anglaises.	—
	Conférence de langue et littérature russes. . . .	1902

On a laissé de côté dans cette énumération, les créations d'emploi de chef des travaux pratiques, de répétiteurs, de préparateurs, de gens de service.

CHAPITRE II

*Les Facultés : leurs fonctions. — Comment on devient étudiant.
Immatriculation et inscriptions. — Organisation des Facultés.*

*Fonctions
des Facultés.*

Les Facultés et l'École supérieure de Pharmacie, qui composent l'Université, ont une double fonction. Elles doivent : 1° enseigner les sciences et les cultiver ; 2° constater la capacité ou l'aptitude des candidats aux grades exigés par la loi ou aux diplômes créés par l'Université. Elles remplissent donc une mission qui est, dans le premier cas, scientifique, dans le second, professionnelle ou d'ordre public.

Jusqu'à la création des Universités, les Facultés, tout en jouant un rôle scientifique, ne conféraient que des grades d'État, c'est-à-dire qu'elles recherchaient si les candidats à ces grades offraient, par leurs connaissances et leurs aptitudes, toutes les garanties exigées par la loi pour l'exercice de certaines professions. Mais, en vertu de l'article 15 du décret du 21 juillet 1897, en dehors des grades établis par l'État, « les Universités peuvent instituer des titres d'ordre exclusivement scientifique. Ces titres ne confèrent aucun des droits et privilèges attachés aux grades par les lois et règlements, et ne peuvent en aucun cas être déclarés équivalents aux grades ». Par ce moyen[1], « quiconque est capable de recherches de critique, d'invention de vérité, doit pouvoir être étudiant d'Université et participer aux honneurs que l'Université décerne ». Et cela *sans distinction de nationalité*[2]. Ajoutons que, réserve faite des sanctions professionnelles, le diplôme d'Université, sous le rapport scientifique, équivaut au grade d'État.

L'Étudiant d'Université peut se proposer un triple objet. Ou bien il veut obtenir un grade d'État, ou bien un titre d'Université, ou enfin se livrer à des recherches personnelles et développer la culture qu'il a reçue dans ses études antérieures.

Comment on devient étudiant.

Quel que soit cet objet, l'étudiant doit être *immatriculé*. — C'est par l'*immatriculation* que s'acquiert la qualité d'étudiant. Elle se confond avec l'*inscription* pour les étudiants qui recherchent un des grades institués par l'État, et soumis à l'inscription, c'est-à-dire que pour cette catégorie d'étudiants elle se fait d'*office* et *sans nouveaux frais*.

Elle se distingue de l'inscription en ce qu'elle est annuelle et peut être prise pendant tout le cours de l'année scolaire, tandis que l'inscription est trimestrielle et est reçue à des époques déterminées. D'autre part l'immatriculation se fait en vue : 1° des cours ou conférences préparatoires aux agrégations de l'Enseignement secondaire; 2° *des titres Universitaires*; 3° ou de la fréquentation désintéressée des cours fermés ou conférences des Facultés ou École. L'inscription, au contraire, est prise en vue d'un des grades d'État.

L'immatriculation se fait dans les secrétariats des Facultés ou École supérieure de Pharmacie.

Immatriculation.

Chaque Faculté ou École tient un registre d'immatriculation sur lequel

1. Rapport présenté au Conseil supérieur de l'Instruction publique par M. E. Lavisse.
2. On indiquera, à propos de chaque Faculté ou École, les grades professionnels et les titres universitaires qu'elle confère et les conditions exigées.

sont portés les noms et prénoms de chaque étudiant, la date et le lieu de sa naissance, son domicile personnel et celui de ses parents ou tuteurs, et l'ordre d'études qu'il poursuit.

L'immatriculation s'obtient sur la production : 1° d'un acte de naissance ; 2° de l'autorisation du père ou du tuteur de l'étudiant, s'il est mineur ; 3° des diplômes ou certificats ; 4° d'une note sur les études antérieures ou l'ordre d'études poursuivi par l'étudiant.

L'étudiant immatriculé dans une Faculté ou École peut se faire immatriculer dans une autre Faculté ou École de l'Université de Paris sur le vu d'un certificat constatant l'immatriculation antérieure.

Les étudiants de nationalité étrangère peuvent être immatriculés sur la production des titres obtenus par eux à l'étranger.

Les droits à acquitter par les étudiants sont :

Un droit *annuel* d'immatriculation pour études : 20 francs.

Un droit *annuel* de bibliothèque : 10 francs.

C'est un droit global de 30 francs. Il est acquitté sur le vu d'un bulletin de versement, délivré par les secrétariats des Facultés ou École, et acquitté à la recette des droits Universitaires, 25, quai des Grands-Augustins.

Comme on l'a vu plus haut, les inscriptions prises en vue d'un des grades institués par l'État sont trimestrielles, et ne peuvent être prises après la clôture du registre d'inscriptions ouvert trimestriellement aux dates qui seront indiquées pour chaque Faculté ou École.

La *première* inscription se prend au début de l'année scolaire et ne peut plus être prise après le 1er décembre, sauf en cas de maladie ou d'empêchement légitime. Le vice-recteur peut accorder l'autorisation de prendre une inscription rétroactive portant sur un trimestre. Quand cette inscription doit dépasser cette limite de temps, c'est à la décision du ministre qu'est réservée la concession de l'inscription rétroactive.

Les pièces dont la production est exigée par l'immatriculation sont également requises pour l'inscription.

Les règles relatives aux *inscriptions* s'appliquent également aux étudiants de nationalité étrangère qui voudraient obtenir un des grades institués par l'État.

Tout étudiant, après avoir accompli les formalités, reçoit une carte *personnelle*, qui lui donne le droit d'assister aux conférences et de travailler dans la Bibliothèque des Facultés ou École où il s'est fait inscrire ou immatriculer.

Chaque Faculté est administrée par un doyen, élu par ses collègues et nommé pour trois ans par le ministre. L'École supérieure de Pharmacie est administrée par un directeur élu et nommé dans les mêmes conditions qu'un doyen.

Dans toute Faculté ou École il y a : 1° des cours *publics*, ouverts à toute personne qui s'y présente, sauf dans le cas où le maintien du bon ordre exigerait la suspension de cette liberté; 2° des cours fermés ou conférences réservés aux étudiants pourvus d'une carte d'immatriculation [1]; 3° des Bibliothèques dont l'accès est réservé aux étudiants immatriculés à la Faculté ou à l'École auprès de laquelle sont les dites Bibliothèques.

Dans les Facultés où sont étudiées les sciences proprement dites existent des *laboratoires* dont on fera connaître plus loin les conditions d'*entrée*.

Laboratoires.

On distingue en général deux sortes de *laboratoires* : les laboratoires d'enseignement et les laboratoires de recherches. Dans les premiers, l'exercice pratique vient s'ajouter à la leçon théorique. On s'y adonne aux manipulations et aux expériences classiques. Les laboratoires de recherches sont destinés à faciliter les progrès de la science, par la libre initiative laissée aux maîtres et à leurs élèves.

---

1. A côté de ces cours et conférences peuvent venir se placer des Cours *libres*, cours autorisés par le Conseil de l'Université, sur la proposition ou après avis de l'Assemblée de la Faculté près de laquelle le cours doit être ouvert. Ces cours sont professés par des personnes pourvues du grade de docteur, ou du diplôme supérieur de pharmacie. L'autorisation de faire des Cours *libres* peut d'ailleurs être aussi accordée à des personnes non pourvues de grades, mais qui justifient d'études spéciales sur les matières devant faire l'objet de leurs cours. Cette autorisation est accordée pour un an, mais est renouvelable.

DEUXIÈME PARTIE

RENSEIGNEMENTS PARTICULIERS

CHAPITRE I

Siège de l'Université et des Facultés.

Le siège du chef-lieu de l'Université de Paris est au Palais de la Sorbonne, qui a été reconstruit de 1884 à 1900. Ce palais couvre une surface de 21 000 mètres carrés, comprise entre la rue des Écoles au nord, la rue de la Sorbonne et Victor-Cousin à l'ouest, la rue Cujas au sud et la rue Saint-Jacques à l'est, et est l'œuvre de M. l'architecte Nénot. C'est là qu'habitent le vice-recteur de l'Académie, président du Conseil de l'Université, et que sont installés les bureaux du secrétariat de l'Université.

Dans le même édifice sont logées les Facultés des sciences et des lettres, et la Bibliothèque commune à ces deux Facultés, connue sous le nom de Bibliothèque de l'Université.

La Faculté de Théologie protestante est installée 83, boulevard Arago; la Faculté de Droit 2, place du Panthéon; la Faculté de Médecine 12, rue de l'École-de-Médecine.

La Faculté des Sciences a deux annexes : 1° l'Institut de chimie appliquée 3, rue Michelet; 2° les laboratoires destinés à l'Enseignement préparatoire au certificat d'études physiques, chimiques et naturelles 12, rue Cuvier.

La Faculté de Médecine occupe deux bâtiments séparés par la rue de l'École-de-Médecine, l'un est affecté aux amphithéâtres d'enseignement, aux salles d'examen et à la bibliothèque, l'autre est appelé plus ordinairement l'*École pratique* et est affecté aux amphithéâtres et pavillons de dissection et aux laboratoires de travaux pratiques.

CHAPITRE II

La Faculté de Théologie protestante.

Le décret du 17 mars 1808 qui a constitué les Facultés, créa aussi les Facultés de Théologie protestante, en leur assignant pour sièges Strasbourg et Genève. Le 17 septembre de la même année fut instituée une 3e Faculté à Montauban. C'est par le décret du 27 mars 1877 que fut créée la Faculté de théologie protestante de Paris, destinée à remplacer celle de Strasbourg, que la guerre de 1870 avait fait périr. — Cette Faculté est à la fois un établissement d'enseignement supérieur, et un séminaire destiné à former des pasteurs.

Le budget spécial de la Faculté [1] s'élève à la somme de 14 860 francs (pour l'exercice 1904).

Le nombre d'étudiants immatriculés était, au 15 janvier 1904, de 54, dont 4 étrangers.

1° *Grades d'État.* — La Faculté délivre trois grades, le baccalauréat, la licence, le doctorat. La durée de la scolarité préliminaire au baccalauréat comprend une année préparatoire (hébreu, philosophie, littérature) et trois années de théologie. L'année préparatoire est obligatoire, sauf pour les licenciés ès lettres. Elle se termine par un examen intérieur, appelé examen d'*ascension en théologie.* Aux trois années d'études théologiques correspondent, en vertu du règlement du 22 août 1854, quatre inscriptions. Les épreuves du baccalauréat sont un examen écrit, un examen oral, la composition et la soutenance d'une thèse.

La licence comporte aussi quatre inscriptions, des épreuves écrites, des épreuves orales, et la composition ainsi que la soutenance de deux thèses, dont l'une en latin.

Pour le doctorat, sont exigées quatre inscriptions trimestrielles, la composition et la soutenance d'une thèse imprimée.

Les inscriptions sont reçues du 25 octobre au 15 novembre (1er trimestre), du 3 au 18 janvier (2e trimestre), du 1er au 15 mars (3e trimestre), du 1er au 15 mai (4e trimestre).

2° *Doctorat d'Université.* — Le grade de Docteur de l'Université de Paris peut être accordé aux savants étrangers qui présentent une thèse

Origines
et caractère
de la Faculté.

Budget
de la Faculté.

Nombre d'étudiants.

Examens.

---

1. Dans ce budget ne sont pas compris les émoluments du personnel, payé sur les fonds du Ministère, qui s'élèvent à 66 900 francs.

en français ou en latin, et qui ont accompli un stage d'une année à la Faculté pendant lequel sont constatées leurs aptitudes et leurs connaissances. Les droits à acquitter pour ce diplôme s'élèvent à la somme de 240 francs (130 francs pour les inscriptions et 110 francs pour l'examen).

Enseignements de la Faculté [1].

Dogme luthérien.	Prof[r]	MM. Ménégoz.
Dogme réformé.	Maître de Conf.	Monnier.
Morale évangélique.	Prof[r]	Ehrhardt.
Ancien testament.	Chargé de cours	Lods.
Nouveau testament.	Prof[r]	Stapfer, doyen de la F[té].
Histoire ecclésiastique.	—	Bonet Maury.
— —	Maître de Conf.	Vienot.
Patristique.	Prof[r]-adjoint	J. Réville.
Théologie pratique.	Prof[r]	Vaucher.
Histoire de la Philosophie.	Chargé de cours	Allier.

Bibliothèque.

La bibliothèque compte environ 17 560 volumes. Elle est ouverte tous les jours, sauf le jeudi, de 9 heures à midi et de 1 heure 1/4 à 4 heures. Le nombre de salles occupées par la bibliothèque est de quatre, le nombre de places dans la salle de lecture est de 18.

CHAPITRE III

La Faculté de Droit.

Origines.

Le décret organique du 17 mars 1808 qui constitua l'Université érigea en Facultés les douze écoles de Droit qui avaient été établies par la loi du 1er mars 1802 (11 floréal an X), et organisées définitivement par la loi du

1. Le personnel enseignant de l'Université comprend : 1° des professeurs titulaires, maîtres pourvus d'une *chaire;* 2° des professeurs-adjoints assimilés aux titulaires non par le traitement mais comme faisant partie du Conseil de la Faculté. C'est un titre honorifique donné à des maîtres de conférences ou à des chargés de cours; 3° des *chargés de cours,* expression qui sert à désigner des maîtres chargés d'un enseignement complémentaire, lequel, pour des raisons financières ou scientifiques, n'est pas érigé en chaire magistrale ou qui s'applique à des maîtres chargés d'un enseignement magistral pendant la vacance de la chaire ou la durée d'un congé accordé au titulaire; 4° des maîtres de conférences dont la fonction peut consister ou bien à fortifier par des répétitions et des exercices pratiques les leçons des professeurs titulaires ou à compléter par de nouveaux enseignements le cadre des études de la Faculté. Dans les Facultés de Médecine et de Droit, il y a aussi des agrégés de Faculté nommés au con-

13 mars 1804 (22 ventôse an XI) et le décret du 21 septembre de la même année (4e complémentaire an XII). C'est de cette époque que date la Faculté de Droit.

Le budget spécial [1] de cette Faculté prévu pour l'exei   ə 1904 s'élève à la somme de 117 469 fr. 70.

Budget.

Le nombre d'étudiants immatriculés s'élevait, au 15 janvier 1904, à 4 752, dont 370 étudiants étrangers.

Nombre d'étudiants.

Grades d'État. — Les diplômes conférés par la Faculté de Droit sont celui de *bachelier*, celui de *licencié* et celui de *docteur*. La Faculté délivre aussi un certificat spécial, dit de capacité en droit.

Examens.

La durée des études pour la licence en droit est de trois ans ; le grade de bachelier en droit est conféré après la deuxième année. Chaque étudiant subit, à la fin de l'année scolaire, un examen portant *sur les matières enseignées pendant l'année*. Le premier examen ne comprend qu'une partie. Les deux autres se divisent en deux parties, et à la première partie du troisième examen qui comprend une épreuve écrite et une épreuve orale, l'épreuve écrite est éliminatoire de l'épreuve orale. A cet examen l'interrogation sur un des cours semestriels de la Faculté désignés par le programme est laissée au choix des candidats.

A l'examen de la licence en droit correspondent douze inscriptions trimestrielles, dont quatre sont prises chaque année. Les sessions d'examens ont lieu deux fois par an, à la fin et au début de l'année scolaire.

Licence.

Le *Doctorat* est unique en tant que grade, mais le diplôme porte une des deux mentions suivantes : *Sciences juridiques, sciences politiques et économiques*, suivant les épreuves subies par le candidat. Pour être admis aux examens du doctorat, il faut être licencié en droit et justifier de quatre inscriptions. Les épreuves consistent en deux examens oraux, et la soutenance d'une thèse composée par le candidat.

Doctorat.

Pour obtenir le *certificat de Capacité*, il faut justifier de quatre inscriptions trimestrielles prises en une année. Aucun diplôme de bachelier,

*Certificat
de capacité.*

cours, en exercice dans les premières pour neuf ans, dans les Facultés de Droit pour dix ans. Après cette période, ils deviennent agrégés libres, sans traitement. Les agrégés participent aux examens, remplacent des professeurs en congé et font des conférences. Ils peuvent être chargés de cours complémentaires.

1. Les émoluments du personnel, payés par l'État, s'élèvent à 505 900 francs.

aucune attestation d'études préalables n'est requis en vue de la première inscription.

Des équivalences de grade ou des dispenses peuvent être accordées en vue des études de droit aux étudiants étrangers gradués des Universités étrangères.

Droits d'inscription.

Les droits d'inscriptions, d'examen, de certificat d'aptitude et de diplôme s'élèvent pour le baccalauréat et la licence en droit à la somme de 1 100 francs, et pour le doctorat à la somme de 560 francs.

Date des inscriptions.

Les inscriptions sont prises au secrétariat de la Faculté du 25 octobre au 15 novembre (1ᵉʳ trimestre), du 3 au 18 janvier (2ᵉ trimestre), du 1ᵉʳ au 15 mars (3ᵉ trimestre), du 1ᵉʳ au 15 mai (4ᵉ trimestre).

Matières des examens.

Les matières des examens sont les suivantes :

Décret du 30 avril 1895.

Baccalauréat et licence.

PREMIER EXAMEN. — *Droit romain.* — Ensemble des institutions juridiques de Rome exposées dans leur développement historique.

Histoire générale du Droit français. — *Droit constitutionnel.* — Matières enseignées par le professeur pendant l'année.

Droit civil. — Titre préliminaire; livre Iᵉʳ, titre II, titre III, titre IV, chapitres 1 et 2, et les autres textes se rattachant à la théorie générale de l'état et de la capacité des personnes; livre II en entier; livre III, dispositions générales; articles 1138 à 1141, articles 939 à 942, en y rattachant la loi du 23 mars 1855, articles 1 à 3; titre XX (pour les textes relatifs à la prescription acquisitive).

Le programme de droit civil pour l'examen de la première année, où d'ailleurs il ne lui est attribué qu'un suffrage, a été sensiblement allégé. On a voulu laisser au professeur une certaine partie de son temps, dont il disposera librement pour l'orientation générale de son enseignement soit qu'il la réserve pour l'exposition des théories générales, soit qu'il en use d'une autre manière, conformément aux dispositions de l'art. 3 de l'arrêté ministériel du 24 juillet 1895.

Économie politique. — Matières enseignées par le professeur pendant l'année.

DEUXIÈME EXAMEN. — Première partie. — *Droit civil.* — Livre III, titres III et IV (théorie générale des obligations); titres VI et XIX (contrats spéciaux; sûretés personnelles et sûretés réelles); titre XX (pour les textes relatifs à la prescription libératoire).

Droit romain. — Les obligations.

Deuxième partie. — *Droit criminel.* — Théorie des délits et des peines. — Procédure pénale.

Droit administratif. — Principes généraux du droit administratif. — Organisation des services publics. Agents, conseils et tribunaux qui collaborent à l'administration; attributions de ces divers organes.

Droit international public. — Principes généraux du droit international public.

TROISIÈME EXAMEN. — Première partie. — *Épreuve écrite.* — Deux compositions, l'une sur une question de droit civil, l'autre sur une question de droit commercial.

Épreuve orale. — *Droit civil* : Livre Ier, titres V à XI (Rapports de famille); titre IV, chapitres 3 et et 4 (Complément des règles sur l'absence); livre III, titres I et II (Transmission des biens d'une personne décédée, et modes de disposer des biens à titre gratuit), et titre V (Contrat de mariage, en y joignant toutes les règles relatives au droit des biens entre époux, et notamment une étude complémentaire de l'hypothèque légale de la femme mariée).

Droit commercial. — Matières enseignées par le professeur pendant l'année.

Deuxième partie. — *Droit international privé.* — Matières enseignées par le professeur pendant l'année[1].

Procédure civile. — Livres II, III et IV (art. 48 à 516).

Matière du cours semestriel à option choisie par le candidat[2].

Les examens oraux portent sur les matières suivantes, conformément au décret du 8 *août* 1898[3] :

Doctorat en droit.

1. Les dispositions du Code civil concernant la nationalité des étrangers en France sont détachées de l'enseignement du droit civil et comprises dans l'enseignement du droit international privé (*art. 1 de l'arrêté ministériel du 24 juillet* 1895).

2. Procédure civile (voies d'exécution). Législation financière, Droit maritime, Législation commerciale comparée.

3. Les aspirants au doctorat en droit, en cours d'études à la date de la publication dudit décret, peuvent subir leurs examens d'après le programme établi par les décret et arrêté du 30 *avril* 1895. Voici les différences entre l'ancien et le nouveau programme :

SCIENCES JURIDIQUES : 2e *examen* : 1° Deux parties de droit civil, choisies par le candidat parmi les quatre parties suivantes : I. Droit des personnes, droits de famille, régime des biens entre époux. — II. Successions, donations, testaments. — III. Obligations et contrats spéciaux. — IV. Droit de propriété, droits réels, sûretés réelles.

2° Au choix des candidats : Droit criminel; Droit administratif (*juridictions et contentieux*); Droit civil comparé.

SCIENCES POLITIQUES ET ÉCONOMIQUES, 1er *examen* : Histoire du droit public français. — Principes du droit public, droit constitutionnel comparé.

2° Droit administratif ou droit international public, au choix du candidat.

2

SCIENCES JURIDIQUES.

1ᵉʳ EXAMEN : 1° Droit romain, avec une interrogation sur les *Pandectes*;
2° Histoire du droit français.

2ᵉ EXAMEN : 1° L'ensemble du droit civil;
    2° Au choix du candidat :
Droit civil comparé;
Droit international privé;
Droit criminel;
Droit administratif (*juridictions et contentieux*);
Droit commercial;
Procédure civile et voies d'exécution.

SCIENCES POLITIQUES ET ÉCONOMIQUES.

1ᵉʳ EXAMEN : 1° Histoire du droit public français; 2° Droit administratif[1]; 3° Droit international public; 4° Droit constitutionnel comparé, ou principes généraux du droit public, au choix du candidat.

2ᵉ EXAMEN : 1° Économie politique; 2° Histoire des doctrines économiques; 3° Législation française des finances et science financière; 4° Au choix du candidat :
Législation et économie industrielles;
Législation et économie rurales;
Législation et économie coloniales.

Cette dernière option peut porter également sur une des matières d'ordre historique ou d'ordre économique enseignées dans d'autres Facultés de l'Université, et admises par le Conseil de l'Université comme enseignements communs à la Faculté de Droit et à une autre Faculté.

L'interrogation sur les *Pandectes* a lieu d'après un programme publié au commencement de l'année scolaire.

Le candidat qui n'a pas pris ses inscriptions dans la Faculté où il se présente pour subir les épreuves dépose au secrétariat, en se faisant inscrire pour l'examen, le programme du cours de *Pandectes* qu'il a suivi ailleurs.

---

1. Ne sont pas comprises dans le droit administratif les matières d'ordre constitutionnel et d'ordre financier.

Les candidats sont tenus de déclarer leurs options en se faisant inscrire pour l'examen qui les comporte.

Les deux examens en vue de la mention *Sciences politiques et économiques* sont subis dans l'ordre choisi par le candidat, mais ce choix le lie
pour le reste de ses études, et il ne peut plus subir l'autre examen avant
d'avoir été admis à celui-là.

Le sujet de la thèse est choisi par le candidat, suivant la mention qu'il   **Thèse.**
postule, soit dans les sciences juridiques, soit dans les sciences politiques
et économiques.

Il doit être au préalable soumis à l'agrément du Doyen.

La thèse ne peut être soutenue qu'après l'admission aux deux examens
oraux.

Le candidat reconnu apte au grade avec l'une des mentions peut obtenir
l'autre à la condition de subir un examen et de composer et soutenir une
seconde thèse.

Dans le cas où la seconde mention à obtenir est celle de *Sciences juridiques*, l'examen porte sur les obligations en droit romain et en droit
français, et le sujet de la thèse doit être choisi dans les sciences juridiques. L'examen comprend : 1° en droit romain, les matières qui correspondent au livre III, titres 13 à 29 inclusivement, et au livre IV, titres
1 à 5 inclusivement des *Institutes de Justinien*; 2° en droit français, les
articles 1101 à 1386, — 1582 à 2058, — 2071 à 2092.

Dans le cas contraire, l'examen porte : 1° sur l'économie politique ;
2° sur l'histoire des doctrines économiques; 3° sur la législation et la
science financières, ou, au choix du candidat, sur la législation et l'économie industrielles ; le sujet de la thèse doit être choisi dans les *Sciences
politiques et économiques.*

Enseignements de la Faculté de droit.

Droit civil.	Prof^r MM.	Boistel.
—	—	Weiss.
—	—	Piedelièvre.
—	—	Planiol.
—	—	Massigli.
—	Prof^r-adj.	Ambroise Colin, ch. de c.
Législation civile comparée. (Fondation de l'Univer- sité de Paris.)	Prof^r	Saleilles.
Procédure civile et voies d'exécution.	—	Glasson, doyen de la Fa- culté.
Droit romain.	—	Girard.

Droit romain.	Prof^r	MM. AUDIBERT.
—	—	JOBBÉ-DUVAL.
—	Prof^r-adj.	BARTIN, ch. du cours.
Économie politique.	Prof^r	CAUWÈS et BEAURE-GARD.
—	Prof^r-adj.	BOURGUIN, ch. du c.
Économie sociale comparée. (Fondation Comtesse de Chambrun.)	—	GIDE, chargé du c.
Économie coloniale.	Prof^r	LEVEILLÉ, ch. du c.
Législation coloniale.	—	LESEUR.
— *et droit musulman.*	—	ESTOUBLON.
Législation et économie rurales. (Fondation de l'Université de Paris.)	—	SOUCHON.
Législation et Économie industrielles.	—	JAY.
Histoire des Doctrines économiques. (Fondation de l'Université de Paris.)	—	DESCHAMPS.
Droit criminel.	Prof^r-adj.	GARÇON, ch. du cours.
Législation pénale comparée.	Prof^r	LEVEILLÉ et LE POITTEVIN.
Droit international public.	—	RENAULT.
— *public.*	—	LESEUR.
— *privé.*	—	LAINÉ.
Droit administratif.	—	BERTHÉLEMY.
—	—	MARC SAUZET.
—	Prof^r-adj.	JACQUELIN, ch. du c.
Droit commercial.	Prof^r	THALLER.
Droit maritime et Législation commerciale comparée.	—	LYON CAEN.
Histoire du Droit et Éléments de Droit constitutionnel.	—	CHÉNON.
Droit constitutionnel comparé.	—	CHAVEGRIN.
Histoire du Droit public romain. (Fondation de l'Université de Paris.)	—	CUQ.
Pandectes.	—	GERARDIN.
Histoire du Droit français.	—	LEFEBVRE.
Histoire du Droit public français.	—	ESMEIN.
Principes du Droit public.	—	LARNAUDE.
Histoire des traités. (Fondation de l'Université de Paris.)	—	PILLET.
Législation française des finances et Science financière.	—	ALGLAVE.
Législation financière.	—	JACQUELIN, ch. du c.
Statistique.	—	FERNAND FAURE.

Indépendamment de ces enseignements, il se fait à la Faculté des conférences *facultatives* qui se divisent en conférences de licence et en conférences de doctorat ayant principalement pour objet des exercices pratiques. Elles sont dirigées par ceux des professeurs titulaires ou adjoints qui désirent participer à ce service, par des agrégés et par des docteurs en droit agréés par le conseil de la Faculté. Il est perçu, sauf dispenses, pour la participation à ces conférences, une rétribution de 5o francs par semestre.

Depuis 1897, la Faculté de Droit a reçu les donations suivantes :

1° *Donation Copin* (1897) : 5o ooo francs donnés par M. Copin, avocat, pour la fondation du prix annuel « Louis Copin » ;

2° *Fondation comtesse de Chambrun* (1898) : Rente annuelle de 5 ooo francs pendant une période de trente années pour la création d'un cours « d'économie sociale comparée » ;

3° *Legs Goullencourt* (1902) : Maisons, fermes, bois, jardins, terres labourables, et valeurs mobilières. Revenu annuel d'environ 20 ooo francs, sans affectation déterminée.

La Faculté de Droit a une bibliothèque qui compte 73 9oo volumes, et qui occupe deux grandes salles se divisant chacune en deux sections distinctes. Cette bibliothèque est ouverte tous les jours, sauf dimanches et jours fériés, de neuf heures et demie du matin à six heures du soir, et de huit à dix heures du soir. Le nombre de places dans les salles est de 288.

Conférences.

Donations.

Bibliothèque.

CHAPITRE IV

La Faculté de Médecine.

Le décret du 17 mars 1808 portant création de l'Université de France érigea en Facultés de Médecine les écoles qui avaient été créées le 4 décembre 1794 (14 frimaire an III). En 1876 furent décidés l'agrandissement de l'École pratique et de l'hôpital des cliniques de la Faculté, et la reconstruction de la Faculté, à frais communs pour l'État et la ville. Ces travaux sont aujourd'hui achevés.

Origines.

Budget. — Le budget spécial de la Faculté [1], prévu par l'exercice 1904, s'élève à la somme de 613 014 fr. 20.

Nombre d'étudiants. — Le nombre d'étudiants immatriculés au 15 janvier 1904 était de 3 496, dont 350 étrangers.

Examens. — 1° *Grades d'État.* — La scolarité accomplie dans la Faculté de Médecine a pour sanctions trois grades ou titres : le doctorat en médecine, le diplôme de chirurgien-dentiste, le diplôme de sage-femme de 1re ou de 2e classe.

Doctorat. — La scolarité réglementaire en vue du doctorat en médecine est de quatre années, et nul ne peut être admis à s'inscrire à la Faculté sans le diplôme de bachelier et le certificat d'études physiques, chimiques et naturelles, délivré par la Faculté des Sciences [2].

Les épreuves qui déterminent la collation du doctorat en médecine sont de six, savoir cinq examens à une ou deux parties et une thèse qui fait partie des épreuves de la 2e partie du 5e examen.

En outre de ces épreuves, les étudiants sont obligés, au cours de leur scolarité, à des travaux pratiques de dissection, de laboratoire, et à un stage dans les hôpitaux, dans les formes et dans la durée réglées par la Faculté. A Paris, la durée du stage est de trois ans, et il s'accomplit pendant les deuxième, troisième et quatrième années de scolarité.

Inscriptions. — Les études de médecine sont représentées par seize inscriptions prises une à une tous les trois mois du 25 octobre au 15 novembre pour le 1er trimestre, du 3 au 18 janvier pour le 2e, du 1er au 15 avril pour le 3e, du 1er au 15 juillet pour le 4e.

Équivalences ou dispenses. — Des équivalences ou des dispenses de grades peuvent être accordées en vue des études médicales aux étudiants gradués de nationalité étrangère.

Nouveau régime (d'après le décret du 24 Juillet 1899).

Matières des examens du Doctorat. — PREMIER EXAMEN. — *Épreuve pratique* : Dissection. — *Épreuve orale* : Anatomie, moins l'anatomie topographique.

DEUXIÈME EXAMEN. — *Épreuve orale* : Histologie; physiologie, y compris la physique biologique et la chimie biologique.

---

1. Le budget des dépenses du personnel payé par l'État s'élève à 1 137 600 francs.
2. Voir l'organisation de la préparation au certificat d'études physiques, chimiques et naturelles, page 30.

TROISIÈME EXAMEN. — 1re *Partie*. — *Épreuve pratique* : Médecine opératoire et anatomie topographique. — *Épreuve orale* : Anatomie topographique; pathologie externe; accouchements.

2e *Partie*. — *Épreuve pratique* : Anatomie pathologique. — *Épreuve orale* : Pathologie générale, parasites animaux, végétaux, microbes; Pathologie interne.

QUATRIÈME EXAMEN. — *Épreuve orale* : Thérapeutique, hygiène, médecine légale, matière médicale, pharmacologie, avec les applications des sciences physiques et naturelles.

CINQUIÈME EXAMEN. — 1re *Partie* : Clinique externe. Clinique obstétricale.

2e *Partie* : Clinique interne.

THÈSE. — Sur un sujet au choix du candidat.

Le premier examen est subi entre la sixième et la huitième inscription; le second entre la huitième et la dixième; le troisième entre la treizième et la seizième; le quatrième et le cinquième, après la seizième.

Les quatrième et cinquième examens et la thèse doivent être subis devant la même Faculté.

La durée des études pour l'obtention du diplôme de chirurgien-dentiste est de trois années, au cours desquelles doivent être prises douze inscriptions trimestrielles. Les examens, au nombre de trois, sont subis après la douzième inscription. *Chirurgien-dentiste.*

Les frais d'études pour le doctorat en médecine s'élèvent, tout compris, à la somme de 1 375 francs. *Frais.*

2° *Titres universitaires*. — A la Faculté de Médecine, il y a deux sortes de diplômes d'université : *Titres universitaires.*

A) *Le diplôme de docteur de l'Université* qui est délivré exclusivement aux étudiants étrangers ayant obtenu de faire leurs études et de subir leurs examens à la dite Faculté, avec dispense du grade de bachelier classique, et pourvu du certificat d'études physiques, chimiques et naturelles. Ces étudiants sont soumis aux mêmes règles de scolarité que les aspirants au diplôme d'État. Les uns et les autres reçoivent les mêmes enseignements, sont examinés sur les mêmes matières par les mêmes juges. Jusqu'à présent 13 étrangers et 6 étrangères ont obtenu ce diplôme. *Doctorat d'Université.*

Les droits à percevoir s'élèvent, tout compris, à la somme de
1 400 francs.

Médecine coloniale. B) *Le diplôme de l'Institut de Médecine coloniale* [1], créé le 26 décembre 1902, institut qui a pour but l'étude théorique et pratique des maladies tropicales, et dont les cours ont une durée d'un trimestre environ. Peuvent se faire inscrire les docteurs en médecine français, les docteurs en médecine universitaire étrangers, les étrangers pourvus d'un diplôme médical admis par la Faculté et les étudiants en médecine pourvus de seize inscriptions. Les épreuves portent sur la bactériologie, la parasitologie, la médecine, l'hygiène, l'épidémiologie exotique, les réglements sanitaires, les maladies exotiques cutanées, chirurgicales, ophtalmiques. Les droits à percevoir sont de 180 francs.

Jusqu'à présent 6 étrangers ont obtenu ce diplôme.

Enseignements donnés à la Faculté de Médecine.

Anatomie.	Prof^r MM.	POIRIER.
Thérapeutique.	—	GILBERT.
Histologie.	—	MATHIAS DUVAL; LAUNOIS, agrégé, chargé du cours.
Physiologie.	—	RICHET.
Pathologie chirurgicale.	—	LANNELONGUE.
Pathologie médicale.	—	HUTINEL.
Pathologie expérimentale et comparée.	—	N.
Anatomie pathologique.	—	CORNIL.
Pharmacologie et matière médicale.	—	POUCHET.
Histoire de la Médecine et de la Chirurgie.	—	DEJÉRINE.
Médecine légale.	—	BROUARDEL.
Histoire naturelle médicale.	—	BLANCHARD.
Physique médicale.	—	GARIEL.
Chimie biologique.	—	GAUTIER.
Opérations et appareils.	—	N.
Pathologie interne.	—	BRISSAUD.
Pathologie et thérapeutique générale.	—	BOUCHARD.
Hygiène.	—	CHANTEMESSE.

1. L'enseignement théorique et les démonstrations de laboratoire de cet Institut sont donnés à l'École pratique, 21, rue Michelet. L'enseignement clinique et le cours de pathologie tropicale ont lieu à l'hôpital d'Auteuil, 73, rue Michel-Ange.

Cliniques médicales.	Prof^s	MM. DEBOVE, doyen de la Faculté (hôpital Beaujon), HAYEM (St-Antoine), DIEULAFOY (Hôtel-Dieu), LANDOUZY (Laënnec).
Cliniques chirurgicale.	—	BERGER (Hôtel-Dieu), LE DENTU (Necker), TILLAUX (Charité), TERRIER (Pitié).
— *pathologique mentale et des maladies de l'encéphale.*	—	JOFFROY (Ste-Anne).
— *maladies des enfants.*	—	GRANCHER (Enfants-Malades).
— *maladies cutanées et syphilitiques.*	—	GAUCHER (St-Louis).
— *maladies du système nerveux.*	—	RAYMOND (Salpêtrière).
— *ophtalmologique.*	—	DE LA PERSONNE (Hôt.-Dieu).
— *voies urinaires.*	—	GUYON (Necker).
— *accouchements.*	—	PINARD (Baudelocque), BUDIN (Clinique Terrier).
— *gynécologie.*	—	POZZI (Broca).
— *chirurgicale infantile.*	—	KIRMISSON (Enf.-Malades).
Accouchements.	Agrégé	LEPAGE.
Chimie biologique.	—	DESGREZ.
Anatomie.	—	RIEFFEL.
Anatomie.	—	CUNEO.
Anatomie pathologique.	—	LEGRY.
Pathologie interne.	—	WIDAL, TEISSIER.
Pathologie externe.	—	FAURE, MARION.
Pathologie externe.	—	MAUCLAIRE.
Médecine légale.	—	THOINOT.
Obstétrique.	—	POTOCKI.
Thérapeutique.	—	VAQUEZ.
Histologie.	—	LAUNOIS.
Physiologie.	—	LANGLOIS.
Pharmacologie.	—	RICHAUD...
Histoire naturelle médicale.	—	GUIOT.
Physique médicale.	—	ANDRÉ BROCA.

LABORATOIRES[1]

Anatomie.	Agrégé MM.	RIEFFEL, chef de travaux.
Anatomie pathologique.	—	BRAULT —

1. Le droit *trimestriel* d'admission dans les laboratoires de recherches est, en vertu d'une décision du conseil de la Faculté, de 5o à 15o francs suivant le laboratoire.

Parasitologie.	Agrégé	MM.	GUIOT.
Physique biologique.	—		WEISS.
Chimie biologique.	—		HANRIOT.
Histologie.	—		RETTERER.
Démonstration de physiologie expérimentale.	—		GLEY.
Chimie pathologique.	—		HANRIOT.
Exercices de médecine opératoire.	—		HARTMANN.
Pharmacologie et matière médicale.		MM.	BRISSEMORET, CHEVALIER.
Physique.			TURCHINI.
Chimie.			MAILLARD, CLAUSSMANN, GOUPIL.
Pathologie expérimentale et comparée.			VERGNOUS, LEGALL.
Pathologie et thérapeutique générales.			DESGREZ, CLAUDE.
Thérapeutique.			CARNOT, CHASSERANT.
Histologie.			LOISEL.
Médecine opératoire.			BANZET.
Anatomie.			DELAMARE.
Médecine légale.			BROUARDEL, DESCOUST, VIBERT, OGIER.
Pathologie externe.			ACHARD, GAILLARD.
Hygiène.			WURTZ, BOURGES, LAFFITTE.
Physiologie.			LANGLOIS, HÉRICOURT.
Anatomie pathologique.			MARIE RENÉ, GRIFFON.

A la Faculté de médecine sont rattachés un *Institut de Médecine coloniale* dont nous avons indiqué l'objet page 24, et un Institut de Médecine légale et de psychiatrie.

1° Enseignements de l'Institut de Médecine coloniale.

Cours de médecine coloniale.

Technique bactériologique et hématologique.	Profr	MM.	CHANTEMESSE.
Parasitologie.	—		BLANCHARD.
Chirurgie des pays chauds.	—		LE DENTU.
Maladies des yeux dans les pays chauds.	—		DE LA PERSONNE.
Pathologie exotique.	—		WURTZ, agrégé, chargé du cours.
Affections de la peau.	—		GAUCHER et JEANSELME, agrégé.
Enseignement clinique.	—		WURTZ, agrégé.

Ces cours ont lieu du 12 octobre au 25 décembre, à l'École pratique, à l'Hôtel-Dieu, à l'hôpital Saint-Louis et à l'hôpital d'Auteuil.

2° Enseignements de l'Institut de Médecine légale et de Psychiatrie.

Cours théorique de médecine légale.	Prof^{rs}	MM. BROUARDEL, THOINOT, DESCOUST, VIBERT.
Conférences pratiques de physiologie, d'anatomie pathologique et de chimie appliquées à la toxicologie.	—	DESCOUST, VIBERT, OGIER.
Cours théorique de psychiatrie.	—	ROY.
Cours clinique de psychiatrie.	—	JOFFROY.
Cours théorique de psychiatrie médico-légale.	—	DUPRÉ, agrégé.
Examens de maladies et rédactions d'observations ou de rapports.	—	ROY et PARANT.

Les cours de médecine légale ont lieu au petit amphithéâtre de la Faculté, à la Morgue; les conférences se font au laboratoire de toxicologie; les cours de psychiatrie ont lieu à l'asile Sainte-Anne.

Enfin la Faculté de Médecine a organisé pendant les mois d'août et de septembre des cours facultatifs de vacances auxquels les auditeurs sont admis moyennant un droit variant de 50 francs à 150 francs, et sans remise de droits possible.

Ces cours ont un triple objet :

1° Permettre aux étudiants de compléter leur instruction;

2° Donner aux praticiens les moyens de se perfectionner et de se tenir au courant des actualités médicales;

3° Offrir un aperçu de l'enseignement médical, tel qu'il est organisé à la Faculté, aux docteurs et étudiants étrangers qui font en France un séjour temporaire.

Donations faites à la Faculté de Médecine depuis 1897 :

1° Donation Legroux (1897) : 10 000 francs. Prix quinquennal;

2° Legs Marjolin (1897) : Un immeuble, vendu par la Faculté 175 000 francs, dont les arrérages sont employés au remboursement des frais d'inscription d'étudiants en médecine qui se font remarquer par leur zèle, leur exactitude, et qui ont recueilli avec soin des observations dans leur service;

3° Legs Valancourt (1902) : Fortune du testateur léguée à l'Assistance publique, pour édifier une clinique qui portera son nom et sera affectée à la Faculté de Médecine.

Bourses.　　　En dehors de ces donations, la Faculté dispose de bourses de doctorat.

Bibliothèque.　　　La bibliothèque, qui comprend environ 145 000 volumes, est ouverte tous les jours, sauf les dimanches et les jours fériés, de 11 heures du matin à 6 heures du soir et de 7 heures et demie à 10 heures et demie du soir. Pendant les vacances, elle est ouverte le mardi, le jeudi, le samedi de 11 heures à 4 heures. Dans la grande salle de lecture il y a 210 places, et dans la salle réservée, 57 places.

CHAPITRE V

La Faculté des Sciences.

Origines.　　　La création de la Faculté des Sciences remonte au décret du 17 mars 1808. Elle fut organisée par une décision du 10 octobre 1809 qui répartit les cours en deux séries, mathématiques et physique, composée de quatre cours chacune. Le rôle des Facultés des Sciences, le caractère et la distribution de leur enseignement furent fixés par l'instruction ministérielle du 30 novembre 1855 qui indique qu'à côté des leçons régulières qui se rattachent à la préparation aux grades, « les Facultés doivent prendre au mouvement de la science une part active ». De 1867 à 1868 furent fondés les laboratoires de botanique, de géologie pour l'enseignement, et de chimie pour les recherches. Les décrets du 31 juillet 1868, qui portèrent création de l'école des Hautes-Études, donnèrent une extension nouvelle à l'organisation des laboratoires qui, autrefois mal installés pour la plupart, ont pris maintenant, grâce à la reconstruction de la Sorbonne, un développement fort important.

Budget.　　　Le budget spécial[1] de la Faculté, prévu pour l'exercice de 1904, s'élève à la somme de 520 798 fr. 50.

1. Budget des dépenses du personnel (budget d'État) : 764 100 francs.

Le nombre d'étudiants s'élevait, au 15 janvier 1904, à 1 546, dont 237 *Nombre d'étudiants.*
de nationalité étrangère.

La Faculté des Sciences comprend : 1° la Faculté des sciences propre- *Organisation.*
ment dite; 2° l'Institut de chimie appliquée; 3° les cours préparatoires
au certificat d'études physiques, chimiques et naturelles.

Par ses laboratoires de recherches, elle tient à l'école des Hautes-
Études (section des sciences).

L'*Institut de chimie appliquée*, installé 3, rue Michelet, comprend trois *Institut de chimie*
années d'études, faites dans des laboratoires spéciaux, sous la direction *appliquée.*
de M. Moissan, professeur de chimie à la Faculté, membre de l'Institut.
Distinct à la fois et de l'enseignement préparatoire à la licence et des
laboratoires de recherches organisés depuis longtemps dans la Faculté,
le nouvel enseignement s'adresse particulièrement aux jeunes gens qui
ont besoin d'une solide instruction pratique en chimie, soit en vue des
carrières industrielles, soit en vue des travaux scientifiques qu'ils pour-
ront poursuivre ultérieurement dans les divers laboratoires de recherches
de la Faculté[1]. Il est coordonné aux cours et conférences de chimie de la
Faculté. Des conférences ayant pour but d'éclairer les élèves dans leurs
préparations et leurs analyses sont faites par le chef des travaux pratiques.

L'ensemble des élèves admis chaque année est de 50 au plus. Aucun
grade n'est exigé, mais les candidats sont soumis à un examen d'entrée
ayant pour but de juger si leurs connaissances générales leur permettent
de suivre avec fruit l'enseignement qui doit leur être donné.

Les droits d'études sont de 125 francs par trimestre.

L'Institut est ouvert aux étudiants de nationalité étrangère aussi bien
qu'aux étudiants français.

L'enseignement préparatoire au *certificat d'études physiques, chimiques* *Certificat d'études*
et naturelles, exigé de tout étudiant en médecine, se donne 12, rue *physiques,*
Cuvier, et est constitué sur le type même de la Faculté des Sciences. *chimiques*
Mais cet enseignement, s'il est créé comme initiation aux études médi- *et naturelles.*
cales, n'est cependant pas exclusivement réservé aux futurs étudiants
en médecine justifiant du baccalauréat classique. Estimant qu'il pou-
vait être utile à des jeunes gens qui se destinent à certaines carrières

---

1. En 1re année, les élèves suivent les cours de MM. Moissan et Haller; en 2e, ceux
de MM. Ditte et Haller; en 3e, l'enseignement de la chimie industrielle, organique et
minérale, et de l'électro-chimie, et le cours de M. Riban; pendant les trois ans, le cours
de M. Chabrié.

industrielles sans avoir reçu l'éducation des lycées et collèges, on en a autorisé l'accès à des jeunes gens sortant des écoles primaires, munis du brevet supérieur ou du certificat d'études primaires supérieures, et dont l'aptitude a été au préalable constatée par un examen organisé dans la Faculté.

La durée de la scolarité est fixée à une année (4 inscriptions trimestrielles). L'enseignement est à la fois théorique et pratique, et comporte des leçons et des manipulations et exercices exécutés par les élèves.

Examens. 1° *Grades d'état.* Les examens subis devant la Faculté des Sciences aboutissent[1] à deux diplômes, la licence et le doctorat, et au certificat d'études physiques, chimiques et naturelles.

Le diplôme de licencié est conféré à tout étudiant qui justifie de trois certificats d'études supérieures, choisis par lui dans une liste arrêtée sur la proposition de l'Assemblée de la Faculté et après avis de la commission compétente du Comité consultatif de l'Enseignement public.

Cette liste comprend actuellement, pour la Faculté des Sciences, les certificats suivants :

Géométrie supérieure. — Analyse supérieure. — Calcul différentiel et intégral. — Mécanique rationnelle. — Mécanique céleste. — Astronomie. — Mécanique physique et expérimentale.

Physique mathématique. — Physique générale. — Chimie générale. — Chimie appliquée. — Minéralogie.

Chimie biologique. — Zoologie. — Histologie. — Embryologie générale. — Physiologie générale. — Botanique. — Géologie. — Géographie physique, en tout 20 certificats.

Tout candidat aux examens à la suite desquels sont délivrés les certificats d'études supérieures, doit justifier, pour être admis, de quatre inscriptions trimestrielles.

Pour chaque certificat, les examens comprennent trois épreuves : une épreuve écrite, une épreuve pratique, une épreuve orale; les deux premières sont éliminatoires.

Les aspirants aux fonctions de l'enseignement secondaire pour lesquelles le grade de licence ès sciences est requis, sont tenus de justifier d'un diplôme portant un des trois groupes de mentions fixés par le décret du 22 janvier 1896 :

1° Calcul différentiel et intégral, mécanique rationelle, astronomie ou une autre matière de l'ordre des sciences mathématiques ;

---

1. Il ne sera pas question du baccalauréat, sanction des études secondaires, mais qui n'est pas, comme à la Faculté de Théologie protestante, un grade d'enseignement supérieur.

2° Physique générale, chimie générale, minéralogie ou une autre matière de l'ordre des sciences mathématiques, physiques et naturelles ;
3° Zoologie, botanique, géologie.

Légalement, il n'y a qu'un doctorat ès sciences, en fait il y en a trois : le doctorat ès sciences mathématiques, le doctorat ès sciences-physiques, le doctorat ès sciences naturelles. *Doctorat.*

Ne sont admis à se présenter au doctorat ès sciences que les licenciés ès sciences pourvus des certificats d'études supérieures pris dans les trois groupes suivants :
1° Calcul différentiel et intégral, mécanique rationnelle, troisième certificat au choix du candidat ;
2° Physique générale, chimie générale, troisième certificat au choix du candidat ;
3° Zoologie ou physiologie, botanique, géologie ou minéralogie.
Les épreuves du doctorat consistent soit en deux thèses renfermant des résultats nouveaux, soit en une thèse, et la discussion de propositions désignées par la Faculté.

Le certificat d'études physiques, chimiques et naturelles comprend comme matières la physique, la chimie, la zoologie et la botanique. Les étudiants, se préparant audit certificat, assistent à des cours, subissent des interrogations, et prennent part à des séances d'au moins trois heures chacune de travaux pratiques ou manipulations. *Certificat d'études physiques, chimiques et naturelles.*

Les droits à acquitter pour la licence (3 certificats d'études supérieures) s'élèvent à la somme de 250 francs, plus 4 inscriptions trimestrielles aux travaux pratiques dont *chacune* coûte 10 à 25 francs suivant le laboratoire. *Droits.*
Les droits à acquitter pour le doctorat sont de 140 francs plus un droit de quatre inscriptions dans les laboratoires de recherches et de sciences appliquées, dont chacune peut coûter de 50 à 200 francs suivant le laboratoire choisi par le candidat.
Les droits à acquitter pour le certificat d'études physiques, chimiques et naturelles s'élèvent à la somme de 290 francs [1].

Ils sont de deux sortes : *a*) le doctorat d'Université ; *b*) le diplôme de chimiste délivré par l'Institut de chimie appliquée. *Titres universitaires.*

[1]. Les registres d'inscriptions sont ouverts au Secrétariat du 28 octobre au 15 novembre (1er trimestre), du 3 au 18 janvier (2e trimestre), du 1er au 15 mars (3e trimestre), du 1er au 15 mai (4e trimestre).

Doctorat d'Université.

a) Pour le doctorat d'Université, les aspirants doivent produire deux des certificats d'études supérieures que la Faculté est autorisée à délivrer par décision ministérielle. La Faculté se réserve d'admettre des équivalences pour les étudiants étrangers. La durée de scolarité est d'un an. Les épreuves comprennent la soutenance d'une thèse contenant des recherches personnelles et des interrogations sur des questions proposées par la Faculté.

Les droits à acquitter pour le doctorat de l'Université (sciences) sont de 170 francs, plus 4 droits trimestriels de laboratoire de 50 à 200 francs chacun suivant le laboratoire choisi.

Jusqu'à présent 9 étudiants étrangers ont obtenu ce diplôme.

Diplôme de chimiste.

b) Le diplôme de *chimiste* établissant qu'un étudiant a suivi avec succès l'enseignement complet de l'Institut de chimie appliquée, est accordé à la fin de la troisième année aux meilleurs élèves possédant les trois certificats annuels. En effet, à la fin de chaque année, il est délivré à tout élève ayant suivi avec assiduité et profit les travaux du laboratoire un *certificat* constatant que sa compétence est suffisante dans les matières qui lui sont enseignées. Jusqu'à présent, 16 étudiants étrangers ont obtenu le diplôme de chimiste.

Enseignements de la Faculté des Sciences.

Géométrie supérieure.	Prof^r	MM. DARBOUX, doyen honor.
Calcul différentiel et intégral.	—	GOURSAT.
—	Prof^r-adj.	HADAMARD.
Mécanique rationnelle.	Prof^r	APPELL, doyen de la Fac.
Mathématiques générales.	—	PAINLEVÉ.
Astronomie physique.	—	ANDOYER.
Astronomie mathématique et mécanique céleste.	—	POINCARÉ.
Mécanique physique et expérimentale.	—	KŒNIGS.
Mécanique et astronomie.	Prof^r-adj.	PUISEUX.
Analyse supérieure et Algèbre supérieure.	Prof^r	PICARD.
Analyse et mécanique.	Prof^r-adj.	RAFFY.
Mathématiques (Agrégation).	Ch. de conf.	BLUTEL.
Physique mathématique et Calcul des probabilités.	Prof^r	BOUSSINESQ.
Physique (3 chaires, dont la 3e est une fondation de l'Université de Paris).	—	LIPPMANN, BOUTY, PELLAT.

Physique.	Prof^r-adj.	MM. LEDUC.
Chimie (2 chaires).	Prof^r	DITTE, MOISSAN.
Chimie organique.	—	HALLER.
Chimie biologique.	—	DUCLAUX.
Chimie analytique.	Prof^r-adj.	RIBAN.
Chimie physique.	Ch. de cours.	JEAN PERRIN.
Chimie appliquée. (Fondation de l'Université de Paris.)	—	CHABRIÉ.
Chimie minérale.	M. de conf.	MATIGNON.
Chimie organique.	—	BOUVEAULT.
Minéralogie.	Prof^r	WALLERANT.
Minéralogie.	M. de conf.	MICHEL.
Zoologie, Anatomie, Physiologie comparée (2 chaires).	Prof^r	DELAGE., N.
Zoologie, évolution des êtres organisés. (Fondation de la Ville de Paris.)	—	GIARD.
Zoologie, évolution des êtres organisés.	M. de conf.	CAULLERY.
Physiologie.	—	DASTRE.
Anatomie comparée.	Ch. de cours.	PRUVOT.
Embryologie.	—	LE DANTEC.
Histologie. (Fondation de l'Université de Paris.)	Prof^r	CHATIN.
Botanique.	—	BONNIER.
Géologie.	—	HAUG.
Géologie.	M. de Conf.	N.
Zoologie.	—	BOUTAN, HEROUARD.
Botanique.	—	MOLLIARD.
Botanique coloniale.	—	DUBARD.
Physiologie. (Fondation de l'Université de Paris.)	—	LAPICQUE.
Géographie physique.	Prof^r	VÉLAIN.
Pétrographie.	Ch. de conf.	GENTIL.

Enseignements préparatoires au certificat d'études physiques, chimiques et naturelles.

Physique.	Prof^r	MM. JANET.
Physique.	Ch. de cours.	CURIE.
Chimie.	Prof^r	JOANNIS.
Chimie.	Ch. de cours.	PÉCHARD.
Zoologie.	—	R. PERRIER.
Botanique.	—	DAGUILLON.

LABORATOIRES

A la Sorbonne.

Astronomie physique.	Dirigé par MM.	Andoyer.
Mécanique physique et expérimentale.	—	Kœnigs.
Physique (Recherches).	—	Lippmann.
Physique (Enseignement).	—	Bouty.
Physique.	—	Pellat.
Chimie physique.	—	Perrin.
Chimie générale.	—	Moissan.
Chimie.	—	Riban.
Chimie minérale.	—	Ditte.
Chimie organique.	—	Haller.
Chimie (Agrégation).	—	Matignon.
Minéralogie.	—	Wallerant.
Anatomie comparée.	—	Pruvot.
Zoologie, Anatomie et Physiologie comparée.	—	Delage.
Physiologie animale.	—	Dastre.
Histologie.	—	Chatin.
Botanique.	—	Bonnier.
Géologie.	—	Haug.
Géographie physique.	—	Vélain.

A l'Institut Pasteur (25, rue Dutot) :

Chimie biologique.	—	Duclaux.

(8, rue d'Ulm) :

Évolution des êtres organisés et embryologie générale.	—	Alfred Giard.

Enseignement du certificat d'études physiques, chimiques et naturelles (12, rue Cuvier) :

Physique.	Dirigé par MM.	P. Janet.
Physique.	—	P. Curie.
Travaux pratiques de physique.	—	Krouchkoll.
Chimie.	—	Joannis.
Chimie.	—	Péchard.
Travaux pratiques de chimie.	—	Étaix.
Zoologie.	—	Perrier.
Travaux pratiques de zoologie.	—	Fischer.
Botanique.	—	Daguillon.
Travaux pratiques de botanique.	—	Chauveaud.

Enseignement de Chimie appliquée (8, rue Michelet) :

Directeur : M. H. Moissan. — Sous-Directeur : M. C. Chabrié.

Laboratoire de 1ʳᵉ année   Dirigé par MM. Guichard.
   —   de 2ᵉ   —   —   Freundler.
   —   de 3ᵉ   —   —   Auger.

A Roscoff (Finistère) :

Zoologie maritime.   —   Yves Delage.

A Banyuls (Pyrénées-Orientales) :

Zoologie maritime.   —   G. Pruvot.

A Wimereux (Pas-de-Calais) :

Zoologie maritime.   —   Alfred Giard.

A Fontainebleau (Seine-et-Marne) :

Biologie végétale.   —   Gaston Bonnier.

Depuis 1897 la Faculté a reçu comme donation de M. le professeur de Lacaze-Duthiers, ancien professeur de zoologie, anatomie et physiologie comparée à la Faculté, une annexe du laboratoire de Banyuls comprenant un terrain de 696 mètres carrés, des meubles, instruments, etc., et une collection de livres et ouvrages déposés dans la bibliothèque du dit laboratoire, le tout représentant une valeur de 45 000 francs environ.   *Origines.*

La bibliothèque de l'Université, dont on parlera plus loin, comprend la bibliothèque de la Faculté des Sciences. Mais, indépendamment de cela, la Faculté a dans la plupart des laboratoires des bibliothèques particulières ; elle a en outre sept salles de travail pour les étudiants de la Faculté, et une bibliothèque de 2 500 volumes qui leur est réservée. Il y a 130 places dans les salles de lecture.   *Bibliothèques et Salles de travail.*

CHAPITRE VI

La Faculté des Lettres.

Le décret du 17 mars 1808, qui organisa l'Université de France, décidait qu'il y aurait à Paris une Faculté des Lettres formée de trois professeurs du Collège de France et de trois professeurs de belles-lettres   *Donations.*

des lycées. Ce ne furent pas six, mais huit professeurs qui furent nommés le 6 mai 1809; et le 19 septembre 1809 un neuvième professeur fut désigné. Mais ce n'est que le 17 avril 1811 que la Faculté des Lettres fut installée, conjointement avec les Facultés de Théologie et des Sciences, dans les salles du collège du Plessis, où elle resta avec les deux facultés sœurs jusqu'au commencement de l'année scolaire 1821-1822. Le 3 janvier 1821, fut rendue une ordonnance qui décidait le transfert des trois facultés dans l'ancienne maison de Sorbonne et ses dépendances.

Budget.

Le budget spécial [1] de la Faculté prévu pour l'exercice 1904 s'élève à la somme de 60 377 francs.

Nombre des étudiants.

Le nombre des étudiants *immatriculés* à la Faculté était, au 15 janvier 1904, de 1 830, dont 334 étrangers.

Examens.

Grades d'État. — Il y a à la Faculté des Lettres, trois degrés, le baccalauréat, qui n'est qu'une sanction des études secondaires (il ne saurait en être question ici), la licence et le doctorat.

Outre ces grades, la Faculté délivre le diplôme d'études supérieures pour l'histoire et la géographie que doivent produire les candidats qui s'inscrivent en vue du concours de l'agrégation d'histoire, mais qui n'est pas exigé des élèves diplômés de l'École des Chartes ou de l'École pratique des Hautes-Études.

Il est visé par le vice-recteur de l'Académie de Paris, président du conseil de l'Université, et délivré au nom du doyen et des professeurs de la Faculté, membres du jury d'examen. Ce diplôme a été créé le 28 juillet 1894.

Licence.

La *Licence* est, à proprement parler, le premier grade d'enseignement supérieur. Pour être admis à en subir les épreuves, il faut être pourvu du grade de bachelier de l'enseignement classique, et avoir pris quatre inscriptions trimestrielles. Ce dernier point distingue la Faculté des Lettres des autres Facultés où, pour acquérir le premier grade d'enseignement supérieur, il faut être pourvu de huit inscriptions comme à la Faculté de Théologie protestante (baccalauréat et licence réunis), de douze inscriptions comme à la Faculté de Droit (licence en droit), et de seize inscriptions trimestrielles comme à la Faculté de Médecine (doctorat en médecine).

Matières des examens. Licence.

Actuellement, si le grade de licencié ès lettres est resté unique, il n'en comprend pas moins des branches et des mentions distinctes : *lettres,*

1. Budget des dépenses du personnel (budget d'État) : 510 150 francs.

philosophie, histoire, langues vivantes, et à ce titre il suppose deux catégories d'épreuves, les épreuves *communes* à tous les ordres de licence, et les épreuves *spéciales* à chaque espèce de licence.

Les épreuves communes sont, *à l'écrit,* une dissertation française, et une dissertation latine[1] qui, obligatoire pour les candidats à la licence avec mention *lettres,* est facultative pour les candidats aux autres licences et peut être remplacée par un thème latin. Les épreuves *orales* communes sont l'explication de textes grecs, latins, français, dont le programme, établi par la Faculté et renouvelable partiellement tous les deux ans, est soumis à l'approbation du ministre.

Les épreuves *spéciales* sont, *à l'écrit,* pour la licence (*lettres*) un thème grec et une composition écrite spéciale au choix du candidat et prise dans la liste de matières d'ordre littéraire ou philologique enseignées à la Faculté. Cette dernière composition peut être remplacée par un travail facultatif sur un sujet d'ordre littéraire ou philologique, agréé par un des maîtres de la Faculté. Ce travail, composé par le candidat, doit présenter les caractères suivants : il doit prouver une certaine aptitude aux recherches d'un caractère scientifique, une connaissance précise des textes, et un certain esprit critique. Les sujets traités doivent porter sur des points nettement limités, ou consister en un commentaire critique de textes bien déterminés, en une étude de grammaire, ou en une collation de manuscrits.

Les épreuves *spéciales à l'oral* sont trois interrogations sur des matières choisies par le candidat dans la liste arrêtée par la Faculté. L'une d'elles peut porter sur le travail facultatif présenté à l'écrit par le candidat.

Les épreuves spéciales pour la licence de philosophie sont, *à l'écrit,* une composition de philosophie dogmatique, et une composition sur un sujet d'histoire de la philosophie, laquelle peut être remplacée par un travail facultatif sur un sujet agréé par un des membres de la Faculté.

À l'oral, les épreuves *spéciales* sont une interrogation sur la philosophie, une sur l'histoire de la philosophie qui peut, pour les notes, se combiner avec l'interrogation sur le travail facultatif si le candidat en a présenté un à l'écrit, et enfin une interrogation au choix du candidat sur une partie spéciale de la philosophie ou une période déterminée de l'histoire de la philosophie.

Les épreuves spéciales sont, *à l'écrit,* pour la licence d'histoire, deux compositions d'histoire, ou de géographie. L'une d'elles peut être remplacée par un travail facultatif sur un sujet agréé par un des membres de

Licence (lettres).

Licence de Philosophie.

Licence d'histoire.

[1] Pour les dissertations trois sujets sont proposés au choix des candidats.

la Faculté, et dans ce cas si le candidat fait à l'écrit une composition d'histoire, elle doit porter sur une période distincte de celle où il a puisé le sujet de son travail facultatif.

Les épreuves spéciales *à l'oral* sont une interrogation sur les parties de l'histoire auxquelles ne se rapportent pas les deux épreuves écrites, une interrogation sur la géographie, et une troisième interrogation au choix du candidat, laquelle est remplacée par l'interrogation sur le travail facultatif, si le candidat en a présenté un à l'écrit.

Licence de langues vivantes. Les épreuves spéciales pour la licence de langues vivantes sont : 1° *à l'écrit* un thème, une version faite sans dictionnaires ni lexiques, et une composition littéraire dans la langue choisie par le candidat ;

2° *A l'oral*, des explications de textes dans la langue choisie par le candidat, un thème, et une troisième interrogation laissée au choix du candidat.

Travaux facultatifs. On remarquera que la partie la plus neuve de l'examen de licence est représentée par le travail facultatif qui constitue le premier essai de travail *personnel* des étudiants et le premier effort dans le sens de la libre recherche et de l'éducation scientifique. Quelques-uns de ces travaux ont déjà paru assez remarquables aux maîtres qui les ont examinés pour pouvoir être publiés dans la *Bibliothèque de la Faculté des lettres*, collection de publications des maîtres et étudiants de la Faculté.

Doctorat. Le *Doctorat ès lettres* comporte, en vertu d'un décret du 28 juillet 1903, la soutenance de deux thèses. La première est rédigée en français.

La seconde, qui peut être un mémoire ou un travail critique, doit être rédigée soit en français, soit dans une des langues anciennes ou modernes enseignées à la Faculté. Elle doit être, autant que possible, une contribution érudite : bibliographie ou catalogue critique, édition d'un texte intéressant (non publié déjà ou mal publié), recherche ou commentaire sur un fait ou un document, etc.

Le sujet et le plan de l'une et l'autre thèse doivent être soumis à l'approbation de la Faculté. Les deux thèses après avoir, sur le rapport des professeurs compétents, obtenu le visa du Doyen, et le permis d'imprimer du Vice-Recteur, doivent être imprimées et sont discutées en séance publique.

Droits. Les droits à acquitter : 1° pour la licence, s'élèvent à la somme de 220 francs (inscription et droits d'examen) ; 2° pour le doctorat d'État à 140 francs.

Le registre des inscriptions trimestrielles est ouvert à la Faculté du 3 au 30 novembre (1er trimestre), du 3 au 18 janvier (2e trimestre), du 1er au 15 mars (3e trimestre), du 1er au 15 mai (4e trimestre).

Le diplôme d'études supérieures pour l'histoire et la géographie est un diplôme d'une nature *mixte*, puisque d'une part il est nécessaire pour se présenter à l'agrégation d'histoire, que d'autre part aucun grade n'est exigé pour qu'on soit admis à en subir les épreuves, et que par là il peut être considéré comme une attestation d'enseignement supérieur reçu à l'Université.

Les épreuves sont les suivantes : A. Une seule épreuve *écrite* qui consiste dans *un Mémoire d'histoire ou de géographie* sur un sujet choisi par le candidat, agréé par le Comité composé des professeurs d'histoire et de géographie à la Faculté et indiqué au secrétariat avant le 25 décembre. Ce mémoire doit être remis le 1er juin.

Quelques-uns de ces mémoires ont déjà la valeur d'une thèse de doctorat; certains d'entre eux ont eu à subir très peu de modifications pour être présentés comme thèses au doctorat ès lettres.

Tous les ans, la Faculté, sous la responsabilité des candidats, publie les positions des mémoires des candidats admis. Ces positions accompagnent en effet tout mémoire, de même que chaque mémoire comporte un index bibliographique.

B. Des épreuves orales au nombre de six :

a) Examen et discussion du mémoire, noté de 0 à 20 comme le mémoire;

b) Explication *critique* d'un texte historique ou géographique agréé, sur la proposition du candidat, par le comité d'histoire;

c) Épreuve de science auxiliaire d'histoire ou de géographie, au choix du candidat;

d) Épreuve de bibliographie, obligatoire pour tous les candidats;

e) Question d'histoire; *f)* question de géographie : indiquées au candidat trois mois avant l'examen, c'est-à-dire vers le 1er mars.

La session a lieu dans la première quinzaine de juin.

Le diplôme est obtenu sans droits à acquitter. Si la pluralité des candidats se compose de futurs candidats à l'agrégation d'histoire et de géographie, un certain nombre cependant se sont présentés pour l'obtention du diplôme d'une façon désintéressée et sans préoccupation d'un concours à venir. Ce sont des étudiants étrangers, des étudiants en droit, et même un instituteur et une dame. Les étudiants étrangers qui ont obtenu le diplôme depuis sa création sont au nombre de trois.

Les *titres universitaires* conférés par la Faculté sont :

A. *Le doctorat d'Université.* — Pour se présenter au doctorat d'Université (lettres) il faut, si on est Français, être muni du diplôme de licencié ès lettres ou de titres ou diplômes reconnus équivalents par la Faculté. Si on est étranger, on doit être pourvu d'attestations d'études admises par la Faculté. La durée de la scolarité exigée est de quatre semestres au moins. Elle peut être accomplie en partie dans un des établissements scientifiques de Paris, ou dans une autre Université française ou étrangère. Elle peut aussi être abrégée, après décision de la Faculté.

Les épreuves comprennent : 1° la soutenance d'une thèse imprimée écrite en français ou en latin sur un sujet agréé par l'Assemblée de la Faculté; 2° des interrogations sur des questions choisies par le candidat dans les matières enseignées à la Faculté et agréées par la Faculté.

Les droits à acquitter s'élèvent à la somme de 200 francs. Jusqu'à présent, 18 étrangers ont été reconnus dignes du grade de docteur de l'Université de Paris (mention lettres).

B. *Le Certificat d'études françaises* exclusivement réservé aux étudiants de nationalité étrangère. Ce certificat a été créé le 5 décembre 1899 sur la proposition de la Faculté.

L'examen du *Certificat d'études françaises* comprend des épreuves écrites et des épreuves orales.

a) *Épreuves écrites.* — 1° Mise en français d'un passage tiré d'un auteur allemand, anglais, espagnol, italien, russe, suivant le choix du candidat.

L'examen peut porter sur une autre langue étrangère, mais en vertu d'une autorisation spéciale, qui doit être demandée à M. le Doyen.

Trois heures sont accordées aux candidats pour cette épreuve de traduction. Un dictionnaire est autorisé.

2° Résumé par écrit en français d'une lecture d'un quart d'heure, ou d'une leçon faite devant le candidat. — Une affiche indique la date de cette seconde épreuve.

Deux heures sont accordées aux candidats pour cette épreuve.

Les deux épreuves écrites sont éliminatoires.

b) *Épreuves orales.* — Interrogations sur trois cours ou conférences suivis à la Faculté, à savoir :

a) Un cours ou une conférence, soit sur l'histoire de France, soit sur la géographie de la France ;

b) Un cours ou une conférence, soit de littérature française, soit de philologie française (explication et commentaire en français d'un des textes français du programme de la licence qui ont été étudiés pendant l'année scolaire dans un des cours ou une des conférences de la Faculté que le candidat aura suivis) ;

c) Un cours ou une conférence de la Faculté, au choix du candidat.

Ne peuvent se présenter à cet examen que les étrangers, immatriculés pendant deux semestres. La session d'examen a lieu en juin. L'inscription pour l'examen a lieu dans la seconde quinzaine de mai. Les droits à acquitter s'élèvent, tout compris (immatriculation et droits d'examen), à 130 francs. Jusqu'à présent 11 étrangers et 140 étrangères ont obtenu ce certificat.

En dehors de ces titres ou grades, la Faculté délivre depuis 1886 à ceux de ses étudiants qu'elle en juge dignes une *attestation d'études supérieures*. *Attestation d'études supérieures*

Pour l'obtenir, il faut avoir été immatriculé pendant deux ans, avoir suivi l'enseignement de trois membres au moins de la Faculté, avoir pris part aux exercices pratiques ou remis un travail écrit. L'attestation porte la mention de ce travail avec la note obtenue (d'une façon satisfaisante, très satisfaisante, ou avec distinction).

Enseignements de la Faculté.

Philosophie.	Professeur MM.	SÉAILLES.
Psychologie.	Prof-adj.	EGGER.
Psychologie expérimentale. (Fondation de l'Université de Paris.)	Ch. de cours	DUMAS.
Histoire de la philosophie ancienne.	Professeur	BROCHARD.
Histoire de la philosophie moderne.	Professeur MM.	BOUTROUX, LEVY-BRUHL, chargé du cours.
Histoire de la philosophie.	M. de conf.	DELBOS.
Science de l'éducation.	Professeur	BUISSON, DURKHEIM, ch. du c.
Histoire de l'économie sociale. (Fondation de la comtesse de Chambrun.)	Prof-adj.	ESPINAS.
Histoire des doctrines politiques.	Ch. de cours	HENRY MICHEL.
Éloquence grecque.	Professeur	A. CROISET, doyen de la Faculté.
Poésie grecque.	—	DECHARME.
Littérature grecque (2 conférences).	M. de conf.	PUECH, FOUGÈRES.
Archéologie.	Professeur	COLLIGNON.
Éloquence latine.	—	MARTHA.
Poésie latine.	—	CARTAULT.
Langue et littérature latines.	Prof-adj.	LAFAYE.
— —	M. de conf.	COURBAUD.
Métrique.	Ch. de cours	L. HAVET.
Paléographie latine.	—	CHATELAIN.
Sanscrit et grammaire comparée des langues indo-européennes.	Professeur	V. HENRY.

Grammaire comparée du grec et du latin.	Ch. de cours	GŒLZER.
Littérature du moyen âge et philologie romane.	Professeur	THOMAS.
Histoire de la langue française.	—	BRUNOT.
Éloquence française.	—	LANSON.
Poésie française.	—	FAGUET.
Littérature française.	Prof^r-adj.	GAZIER.
— —	M. de conf.	G. REYNIER.
Littératures de l'Europe méridionale.	Professeur	GEBHART.
Langue et littérature italiennes.	Prof^r-adj.	DEJOB.
Langue et littérature allemandes.	Professeur	LICHTENBERGER, ANDLER, ch. du cours.
— —	M. de conf.	LANGE.
Langue et littérature anglaises. (Fondation de l'Université de Paris.)	Professeur	BELJAME.
— —	M. de conf.	BARET.
Langue et littérature russes. (Fondation de l'Université de Paris.)	—	HAUMANT.
Histoire ancienne.	Professeur	MM. BOUCHÉ-LE-CLERCQ.
—	Prof^r-adj.	GUIRAUD.
Histoire ancienne des peuples de l'Orient.	Ch. de cours	GRÉBAUT.
Histoire de la civilisation des peuples de l'Extrême-Orient. (Fondation de l'Université de Paris.)	—	REVON.
Histoire du moyen âge.	Professeur	LUCHAIRE.
Histoire byzantine.	Ch. de cours	DIEHL.
Sciences auxiliaires de l'histoire.	—	LANGLOIS.
Histoire moderne.	Professeur	LAVISSE.
Histoire moderne et contemporaine.	—	RAMBAUD.
Histoire contemporaine.	Prof^r-adj.	DENIS.
Histoire de la Révolution française. (Fondation de la ville de Paris.)	Professeur	AULARD.
Pédagogie des Sciences historiques.	M. de conf.	SEIGNOBOS.
Histoire de l'art. (Fondation de l'Université de Paris.)	Professeur	LEMONNIER.
Géographie.	—	VIDAL DE LA BLACHE.
—	M. de conf.	SCHIRMER.
Géographie coloniale.	Professeur	DUBOIS.
Géographie et colonisation de l'Afrique du Nord. (Fondation de l'Université de Paris.)	Ch. de cours	AUG. BERNARD.

Si le cours public s'adresse à la fois au public bénévole et désintéressé et aux étudiants qui, rares autrefois, tendent à devenir la partie la plus importante de l'auditoire et occupent un très grand nombre de bancs qui leur sont réservés dans les amphithéâtres, les conférences sont consacrées particulièrement à des exercices pratiques, et prennent un double caractère; ou bien elles contribuent à l'éducation professionnelle des étudiants, en préparant ceux-ci à la licence et à l'agrégation des lycées, ou bien (et ceci est une préoccupation qui s'affirme de plus en plus) elles sont destinées à apprendre à l'étudiant ce qu'est un véritable travail scientifique, elles lui enseignent « la pratique des méthodes savantes »[1].

A cette œuvre concourent :

1° Les petites salles de travail, au nombre de sept, installées à la Faculté, où les étudiants, constitués en groupes de cinq ou six travaillant ensemble, échangent leurs idées, commentent des textes et font véritable œuvre de séminaire.

2° Les instituts *d'archéologie, d'histoire de l'art, de géographie et de géographie coloniale*[2], qui occupent le 2e étage de la Faculté des Lettres, et comprennent sept salles. Aux instituts d'archéologie et d'histoire de l'art sont annexés deux musées de moulages, placés dans la Galerie des Sciences. Chacun de ces Instituts a une bibliothèque, composée respectivement de 1 000 à 1 500 volumes, des meubles, garnis soit de photographies, qui s'élèvent au nombre de 4 500, soit de clichés de projections qui sont au nombre de 4 750, soit enfin de collections de cartes géographiques;

3° La *bibliothèque Albert Dumont*, qui occupe deux salles, l'une réservée aux boursiers de licence et aux étudiants d'agrégation de philosophie, lettres, grammaire et langues vivantes, renfermant 80 places et située au 2e étage; l'autre située au 3e étage, réservée aux boursiers de licence et aux étudiants d'agrégation d'histoire et renfermant 70 places. Elle contient plus de 8 000 volumes; il y a lieu d'ajouter que la section d'histoire a été récemment enrichie par le legs de la bibliothèque Flammermont, qui compte environ 1 050 volumes. Cette bibliothèque, comme les salles de travail des Instituts, est ouverte tous les jours, sauf les jours fériés, de 9 heures à midi, et de 1 heure 1/2 à 6 heures.

A cette bibliothèque sont annexées :

1. L. Liard, *L'enseignement supérieur en France*, II, 405.
2. Ne sont admis à y travailler que les étudiants qui, sur la présentation du Professeur, sont autorisés par le Doyen, et reçoivent une carte spéciale du Secrétaire des Conférences, M. Uri.

1° (1ᵉʳ étage) une petite salle connue sous le nom *de laboratoire de philologie romane et française* où viennent travailler un petit nombre d'étudiants, dûment autorisés et se livrant à des études personnelles dans le domaine de la philologie sous la direction de MM. les professeurs de littérature du moyen âge, et d'histoire de la langue française;

2° (3ᵉ étage) une salle de paléographie du moyen âge.

Cet ensemble constitue ce qu'on appelle les laboratoires de la Faculté des Lettres, par analogie avec les laboratoires de la Faculté des Sciences.

Donations.   La Faculté a reçu, depuis 1897 :

1° La bibliothèque de M. *Duplessis* (1901), conservateur des Estampes à la Bibliothèque Nationale, qui est placée dans une des salles réservées à l'histoire de l'art, et comprend les nᵒˢ 1-3094 d'un inventaire spécial;

2° Le legs de M. *Flammermont* (1899), ancien professeur à l'Université de Lille, qui, outre la donation de sa bibliothèque, a constitué à la Faculté une caisse de prêts d'obligeance en faveur des étudiants en histoire moderne depuis 1715. Cette caisse est alimentée par un titre de rente 3 o/o sur l'État s'élevant à la somme de 2 266 francs, et permet de venir en aide à ceux qui, étudiant la période d'histoire ci-dessus indiquée, auraient besoin d'un secours, par exemple, pour continuer leurs études, pour faire un voyage de recherches en France et surtout à l'étranger, pour imprimer un ouvrage, etc. Les étudiants qui bénéficieraient de ces prêts, doivent au préalable s'engager par écrit et sur l'honneur à rembourser dès qu'ils le peuvent, l'avance qui leur est faite;

3° Le legs de M. *Louis-Georges Michonis* fait suivant testament et codicille des 3 mars 1897 et 12 novembre 1898, et consistant en un capital de 590 000 francs, dont les revenus sont employés d'une part à acquitter des rentes viagères au profit des héritiers désignés par le testateur, d'autre part à attribuer tous les deux ans des bourses à des jeunes gens diplômés ou non qui seront envoyés dans une ou plusieurs Universités d'Allemagne ou, à défaut, de pays de langue allemande, afin d'y compléter, savoir : les deux tiers d'entre eux, leurs études philosophiques, et le dernier tiers, leurs études d'histoire religieuse; le stage de chacun d'eux en Allemagne sera de deux ans pleins au moins, et ils devront former un groupe de deux ou de trois, de façon à n'être pas isolés.

Ce legs est constitué par un titre de rente 3 o/o sur l'État se montant à la somme de 18 015 francs. Sur ces 18 015 francs de rente, 15 950 sont destinés à payer les rentes viagères. Il reste donc au profit de la Faculté actuellement 2 065 francs de rente.

Bourses Rothschild.   Indépendamment de ces donations, la Faculté dispose depuis 1896 d'un fonds de 20 000 francs qui a été alloué par MM. de Rothschild, et qui, depuis cette époque, sert à attribuer tous les ans quatre bourses de voyage à l'étranger, de 500 francs chacune, aux étudiants en histoire et géographie pourvus du diplôme d'études supérieures pour l'histoire et la géographie. La désignation des boursiers est faite par le Conseil de l'Université dans sa dernière séance du mois de juillet, sur la proposition du Comité d'histoire de la Faculté des Lettres. Les demandes doivent être remises au secrétaire des Conférences avant le 1er juillet.

La Faculté publie : 1° une *Bibliothèque de la Faculté des Lettres*, recueil de travaux de membres de la Faculté et des étudiants. Cette publication en est à son 18e fascicule.

2° Les *Positions* des Mémoires présentés par les candidats admis au diplôme d'études supérieures pour l'histoire et la géographie. Cette publication a été créée en 1896. Il paraît un fascicule tous les ans [1]. Les Mémoires qui restent manuscrits sont conservés dans les archives de la Faculté, au secrétariat des Conférences.

La Faculté dispose pour ses publications d'un crédit annuel de 3 500 francs.

Publications.

CHAPITRE VII

Bibliothèque de l'Université.

La bibliothèque de l'Université étant à la fois la bibliothèque de la Faculté des Lettres et de la Faculté des Sciences, il est naturel qu'il en soit question, avant de faire connaître l'École supérieure de Pharmacie.

La bibliothèque doit son origine à la libéralité d'un ancien recteur Gabriel Petit de Montempuys, qui, par testament du 11 juillet 1762, légua sa bibliothèque à l'Université. A ce premier fonds de 4 000 volumes, vint bientôt se joindre un groupe d'ouvrages plus considérables provenant de la bibliothèque des jésuites, qui venaient d'être supprimés. Leur collège Louis-le-Grand fut, vers le même temps, donné à l'Université, et celle-ci se hâta d'y établir son chef-lieu. Trois ans plus tard, en 1767, l'Université acquit, au prix de 1 700 livres, la bibliothèque de Paul Hame-

Origines.

---

[1]. Ces deux publications sont éditées à la librairie Alcan, 108, bd St-Germain.

lin, ancien recteur. L'ouverture solennelle de la bibliothèque eut lieu le
" décembre 1770. A partir de cette époque, elle ne fit que s'accroître,
...ais changea plusieurs fois de nom. En l'an VIII, elle devint la bibliothèque du Prytanée, le collège Louis-le-Grand ayant reçu le nom de
Prytanée français, et après la création de l'Université elle fut successi-
vement bibliothèque du lycée Impérial, bibliothèque des quatre lycées de
Paris, enfin, en 1812, bibliothèque de l'Université de France, titre qu'elle
conserva jusqu'en 1847. Après avoir porté le nom de bibliothèque de
l'Académie de Paris, ou de bibliothèque de la Sorbonne, elle reprit son
nom de bibliothèque de l'Université en 1861, titre qu'elle a gardé depuis
cette époque.

Situation actuelle.　　La bibliothèque occupe toute la partie centrale de la Sorbonne recons-
truite, tenant à la fois à des amphithéâtres de la Faculté des Sciences et
de la Faculté des Lettres. Elle a deux magasins de dépôt de cinq étages
chacun, une salle de manipulation, une salle de périodiques, une salle
de lecture pour les étudiants, contenant 202 places, et une salle de
lecture pour les professeurs, magnifiquement installée, et ayant vue sur
la cour de la Sorbonne; sans parler des bureaux du conservateur et des
conservateurs adjoints ainsi que de la salle occupée par les sous-biblio-
thécaires, ou les stagiaires, et de leurs dépendances.

Le nombre de volumes de la bibliothèque est de 300 000 environ.

*Conditions
d'admission.*　　Tout étudiant régulièrement immatriculé aux Facultés des Sciences et
des Lettres est admis, sur la présentation de sa carte, à travailler à la
bibliothèque.

Prêt des livres.　　Sur une demande visée pour les Sciences par un des professeurs de la
Faculté, et pour les Lettres par le secrétaire des Conférences, tout étudiant est admis au prêt. Pour obtenir le prêt des ouvrages, il suffit de
déposer dans une boîte installée à cet effet un bulletin indiquant les
ouvrages qu'on veut emprunter. Ce bulletin doit être remis vingt-quatre
heures à l'avance. Dans la salle de lecture, les ouvrages sont commu-
niqués aux étudiants sur bulletin de demande.

Heures d'ouverture.　　La bibliothèque est ouverte tous les jours, sauf les dimanches et jours
fériés, de 10 heures à midi, de 2 heures à 6 heures, et de 8 heures à
10 heures.

CHAPITRE VIII

École supérieure de Pharmacie.

L'École supérieure de Pharmacie remonte par ses origines jusqu'à
l'année 1559, époque à laquelle un épicier parisien, Nicolas Hoüel, fonda,
en partie de ses deniers, dans la maison des Enfants Rouges, au Marais,
une maison de charité, à laquelle il adjoignit un *Jardin des simples* où l'on
devait « instruire des enfants orphelins dans l'art de l'apothicairerie ».
Un édit d'Henri III consacra en 1576 cette fondation. En 1579 elle fut
installée dans l'hôpital de l'Ourcine; en 1624 elle prit, après avoir reçu des
agrandissements rue de l'Arbalète, le nom de *Jardin des apothicaires*; en
1777, fut substitué au jardin le *Collège de pharmacie*, qui fut converti, le
3 floréal an IV, en école gratuite de pharmacie. Le 11 avril 1803 fut instituée l'*École de Pharmacie*, qui fut soumise au régime universitaire par
ordonnance royale du 27 septembre 1840.

Origines.

L'École supérieure de Pharmacie qui, primitivement, était située dans
les anciens locaux du collège de pharmacie, rue de l'Arbalète, a été
réédifiée et transférée sur les terrains retranchés du Jardin du Luxembourg, qui faisaient autrefois partie du couvent des Chartreux. La construction des nouveaux bâtiments commencée en 1877, a été achevée en
1886. L'École occupe une surface de 16 759 mètres carrés.

Situation.

Le budget *spécial*[1] de l'École, prévu pour l'Exercice 1904, s'élève à la
somme de 201 111 francs. Le nombre d'étudiants est, au 15 janvier 1904,
de 1307 dont 20 étudiants étrangers.

*Budget et
nombre d'étudiants.*

1º *Grades d'État.* — Les études pharmaceutiques ont pour sanction
deux titres d'ordre professionnel, les titres de pharmacien de 1re ou de
2e classe, et un titre d'ordre scientifique, le diplôme de pharmacien supérieur. Le titre de pharmacien de 2e classe, supprimé en principe en 1898,
n'existe plus que par mesure transitoire.

Examens.

Les études de pharmacie sont précédées d'un stage pratique dans une
pharmacie. Il dure trois ans et est constaté au moyen d'inscriptions. Pour
ces inscriptions est exigé un diplôme de bachelier. Après le stage de
trois ans, les stagiaires subissent un examen dit de *validation de stage*[2].

---

1. Budget des dépenses du personnel (budget d'État) : 285 900 francs.
2. L'examen de validation de stage, dont les droits sont fixés à 25 fr. 25, comprend
les épreuves suivantes :
1º Préparation d'un médicament composé, galénique ou chimique, inscrit au Codex;

Diplôme
de pharmacien.

La scolarité proprement dite dure trois années et comporte douze inscriptions trimestrielles. Les travaux pratiques sont obligatoires pour tous les étudiants pendant les trois années et comprennent la chimie minérale, la chimie organique, la chimie analytique, la toxicologie, la pharmacie, la physique et la micrographie. Les étudiants subissent un examen de fin d'année à l'issue de la 1re et de la 2e année d'études. Les examens probatoires, au nombre de trois, qui déterminent la collation du titre de pharmacien, sont subis après la douzième et dernière inscription.

Matières.
des examens.

Le régime des examens pour l'obtention des diplômes de pharmacien de 1re et de 2e classe a été déterminé par les décrets du 26 juillet 1885 et du 24 juillet 1889.

Le programme des examens de fin d'études est le même pour les deux classes d'élèves, savoir :

PREMIER EXAMEN. — *Sciences physico-chimiques. Application de ces sciences à la pharmacie.*
Épreuve pratique : *Analyse chimique.*
Épreuve orale : *Physique, — Chimie, — Toxicologie.*
L'épreuve pratique est éliminatoire.

DEUXIÈME EXAMEN. — *Sciences naturelles. Application à la pharmacie.*
Épreuve pratique : *Micrographie.*
Épreuve orale : *Botanique, — Zoologie, — Minéralogie ou Hydrologie.*
L'épreuve pratique est éliminatoire.

Aux termes de la circulaire du 10 juillet 1900, les épreuves pratiques des 1er et 2e examens sont jugées séparément et avant l'épreuve orale. Lorsque l'épreuve pratique a été jugée insuffisante par le jury, l'ajournement du candidat est prononcée immédiatement; en outre, le candidat ajourné à l'épreuve orale ne conserve pas le bénéfice de l'épreuve pratique; il est tenu de repasser l'examen dans son entier.

TROISIÈME EXAMEN, 1re partie. — *Sciences pharmaceutiques proprement dites.*
Épreuve pratique : *Essai ou dosage d'un médicament; — Reconnaissance de médicaments simples et composés.*
Épreuve orale : *Pharmacie chimique et galénique; — Matière médicale.*

2° Une préparation magistrale;
3° Détermination de 30 plantes ou parties de plantes appartenant à la matière médicale, et de 10 médicaments composés;
4° Questions sur diverses opérations pharmaceutiques.
Il est accordé quatre heures pour la première épreuve et une demi-heure pour chacune des trois autres.

2ᵉ partie. — *Préparation de huit médicaments chimiques ou galéniques.* — *Interrogations sur les préparations.*

Quatre jours sont accordés pour la 2ᵉ partie de l'examen.

Les candidats qui présentent une *thèse* contenant des recherches personnelles peuvent, après l'avis de l'École, être dispensés de la 2ᵉ partie du 3ᵉ examen. Huit jours pleins avant celui qui est fixé pour la soutenance, ils déposent au secrétariat de l'École 119 exemplaires de la thèse.

Le diplôme n'est délivré à l'impétrant qu'après ses vingt-cinq ans révolus.

Pour devenir pharmacien supérieur, il faut être pharmacien de 1ʳᵉ classe, et justifier en outre soit de la licence ès sciences physiques, soit de la licence ès sciences naturelles, ou, à défaut d'un de ces grades, avoir accompli une quatrième année d'études soit dans une École supérieure de pharmacie, soit dans une Faculté mixte, et avoir subi avec succès un examen spécial de validation. L'épreuve propre du titre de pharmacien supérieur consiste dans la soutenance d'une thèse sur un objet choisi par le candidat.

En outre des titres qui viennent d'être énumérés, l'École de Pharmacie confère le certificat d'aptitude à la profession d'herboriste de 1ʳᵉ ou 2ᵉ classe.

Les étudiants étrangers qui désirent postuler le diplôme de pharmacien de France sont soumis aux mêmes règles de stage, de scolarité et d'examens que les étudiants français.

Les droits à acquitter s'élèvent : 1° pour le diplôme supérieur de pharmacien à la somme de 400 francs ; 2° pour le diplôme de pharmacien de 1ʳᵉ classe à 1 445 francs ; 3° pour le diplôme de pharmacien de 2ᵉ classe à 1 235 francs ; 4° pour les diplômes d'herboriste de 1ʳᵉ classe et de 2ᵉ classe à 130 francs.

A. *Doctorat de l'Université* (mention *pharmacie*). — Les aspirants au titre de docteur de l'Université doivent, s'ils sont Français, produire le diplôme de pharmacien de 1ʳᵉ classe ; s'ils sont étrangers, deux certificats d'études : le premier, d'études de pharmacie chimique et de toxicologie ; le second, d'études de pharmacie galénique et de matière médicale.

L'École se réserve d'admettre des équivalences. La durée de la scolarité, accomplie à l'École, est d'au moins un an. L'épreuve consiste dans la soutenance d'une thèse attestant des recherches personnelles. Jusqu'à présent 4 étrangers ont obtenu ce diplôme.

Les droits à acquitter s'élèvent à la somme de 730 francs.

B. *Diplôme de pharmacien à l'usage des étudiants étrangers.* — Ce diplôme, créé le 8 juillet 1901, a été institué dans les conditions suivantes : les aspirants doivent, en vue de l'inscription réglementaire, justifier des études accomplies et des grades obtenus par eux à l'étranger par la production de leurs certificats et diplômes. Sur le vu de ces titres, il peut leur être accordé à titre onéreux la dispense ou l'équivalence des grades français exigés pour l'inscription, ainsi que des dispenses partielles de scolarité correspondant à la durée des études faites par eux à l'étranger.

Ils sont tenus, sauf dispense préalable, d'accomplir le stage officinal et de subir l'examen de validation de stage dans les conditions déterminées par les règlements pour les étudiants français.

Ils doivent également accomplir la scolarité et subir les examens de tous degrés prévus par les décrets des 26 juillet 1885 et 24 juillet 1889 pour l'obtention du grade de *pharmacien de 1re classe.*

Le *diplôme* est signé par les membres du jury et par le directeur.

Il est délivré par le président du conseil de l'Université, sous le sceau et au nom de l'Université de Paris.

Les droits à percevoir sont fixés à la somme de 1445 francs.

Enseignements de l'École supérieure de Pharmacie.

Chimie organique.	Prof^r MM.	JUNGFLEISCH.
— —	Agrégé	MOUREU.
Chimie analytique.	Prof^r	VILLIERS-MORIAMÉ.
Chimie minérale.	—	GAUTIER.
— —	Agrégé	LEBEAU.
Hydrologie et Minéralogie.	Prof^r	BOUCHARDAT.
Pharmacie chimique.	—	PRUNIER.
Botanique générale.	—	GUIGNARD, directeur de l'École.
Pharmacie galénique.	—	BOURQUELOT.
Cryptogamie.	—	RADAIS.
Toxicologie.	—	BEHAL.
Matière médicale.	—	PERROT.
Zoologie.	—	COUTIÈRE.
Physique.	—	BERTHELOT.

TRAVAUX PRATIQUES

Chimie.	(1re année	), chef de travaux.	MM.	GUERBET.
—	—	sous-chef de travaux.	—	COUSIN.
—	(2e et 3e années),	chef de travaux.	—	LEXTREIT.
Micrographie.	—	—	—	LUTZ.
Microbiologie.	(3e	—),	—	GUÉGUEN.
Physique.	(2e	—),	—	TASSILLY.

A côté des laboratoires d'exercices et de manipulations où s'accomplissent les travaux pratiques, obligatoires pour tous les étudiants, se placent les laboratoires de recherches et de sciences appliquées; ils sont dirigés par les professeurs à la chaire desquels ils se rattachent.

On n'est admis à y travailler que sur l'autorisation du professeur, et après avoir acquitté des droits s'élevant à 150 francs par trimestre.

La bibliothèque de l'École, qui comprend parmi ses annexes une vaste salle de lecture publique, une salle de lecture réservée aux professeurs et agrégés, possède environ 40 000 volumes et des collections importantes de périodiques français et étrangers. Il y a 120 places dans la salle des étudiants, et 10 dans la salle des professeurs.

La salle de lecture commune est ouverte aux étudiants tous les jours non fériés, de 9 heures à 11 heures du matin, de 1 heure à 5 heures du soir, et de 8 heures à 10 heures du soir.

Plusieurs grandes et importantes collections, directement rattachées aux chaires dont elles portent le nom, ont été formées pour concourir à l'enseignement théorique et pratique des étudiants en pharmacie. Ce sont les collections de matière médicale, de zoologie, de minéralogie, de cryptogamie. L'École possède aussi des collections de plantes sèches qui ne sont consultées que pour les travaux personnels.

Placé plus particulièrement sous la haute direction du professeur de botanique générale, M. le directeur Guignard, le jardin botanique est attenant à l'École supérieure de Pharmacie, et se développe sur une superficie totale de 8 300 mètres environ; il comprend dans ses dépendances le laboratoire personnel du professeur, des herbiers, de vastes serres, plusieurs bassins pour plantes aquatiques. Il renferme toutes les plantes indigènes employées en pharmacie, des espèces de la flore parisienne; dans les serres sont cultivées beaucoup de plantes médicinales exotiques.

Ce jardin est ouvert tous les jours non fériés de 7 heures du matin à 6 heures du soir, en été, de 8 heures du matin à 5 heures du soir en hiver.

CHAPITRE IX

École normale supérieure.

Origines. L'École normale supérieure date du 9 brumaire an III, époque à laquelle fut rendu par la Convention un décret décidant qu'il « sera établi à Paris une École normale où seront appelés, de toutes les parties de la République, des citoyens déjà instruits dans les sciences utiles, pour apprendre sous les professeurs les plus habiles dans tous les genres l'art d'enseigner ». La fondation de la Convention ne dura que trois mois; l'École ouverte le 19 janvier 1795 fut fermée en mars. Le décret du 17 mars 1808 restaura sous le nom de « pensionnat normal » l'École normale de l'an III; et reprenant son titre d'École normale, cet établissement fut organisé par un statut du 30 mars 1810, puis fut supprimé sous la Restauration en 1822, époque à laquelle on lui substitua des Écoles normales partielles établies près le collège royal de chaque chef-lieu d'académie. Ces Écoles ne donnèrent pas les résultats espérés. Le 5 septembre 1826, on leur substitua une école préparatoire pour les sciences et les lettres qui fut annexée au lycée Louis-le-Grand. Le 6 août 1830, cette école reprit son nom d'École normale. En 1845 elle prit le titre d'*École normale supérieure*, et en octobre 1846, elle fut installée 45, rue d'Ulm, où elle fonctionne encore aujourd'hui.

Situation. Par décret du 10 novembre 1903, l'École normale, comme on l'a dit page 1, a été rattachée à l'Université de Paris. A dater du 1er novembre 1904, elle conservera son administration et la personnalité civile; le directeur et le sous-directeur siégeront au conseil de l'Université; les maîtres de conférences seront versés dans les cadres des Facultés des Sciences et des Lettres; le ministre choisira par délégations temporaires les maîtres qui seront attribués à l'École normale proprement dite. Les élèves continueront à être recrutés par voie de concours; ils seront immatriculés comme étudiants à l'Université; le nombre, qui est actuellement de 34 (sciences 14, lettres 20), en sera considérablement augmenté. Les uns seront internes, les autres externes avec bourses. L'éducation scientifique sera donnée à l'Université; l'éducation professionnelle à l'École normale, avec stage dans les lycées. L'École normale semble appelée à redevenir ce qu'elle devait être à son origine, un institut pédagogique.

Organisation actuelle. L'École normale supérieure est divisée en deux sections, la section des lettres et la section des sciences. Dans chaque section l'enseignement est donné par des maîtres de conférences, nommés par le ministre sur la proposition du directeur de l'école. Le cours normal d'études est de trois années. Tous les élèves de la section littéraire subissent l'examen de la licence (mention lettres) à la fin de la première année, et se présentent aux différents concours d'agrégation des lycées à la fin de la 3ᵉ année, à la sortie de l'école. Les élèves de la section des sciences doivent être pourvus de deux certificats d'études supérieures à la fin de la première année s'ils se destinent aux agrégations des sciences mathématiques et physiques. Les candidats à l'agrégation des sciences naturelles, pour lesquels le séjour à l'école peut durer quatre ans, ont trois années pour être admis aux quatre certificats exigés des candidats à l'agrégation. Le régime de l'École normale est l'internat. L'entrée à l'école se fait par voie de concours, comportant des épreuves écrites (épreuves d'admissibilité) et des épreuves orales (épreuves d'admission).

Enseignements de l'Éco'e Normale supérieure.

Langue et littérature grecques.	M. de Conf. MM.	GIRARD, HAUVETTE.
— — *latines.*	—	PLESSIS, DURAND.
— — *françaises.*	—	BRUNETIÈRE, GAUTIER, suppl., CHAMARD.
Grammaire.	—	GŒLZER.
Histoire ancienne.	—	GUIRAUD, M. BLOCH, suppléant.
Histoire.	—	MONOD, PFISTER, suppléant, BOURGEOIS.
Géographie.	—	GALLOIS.
Philosophie et hist. de la philos.	—	HAMELIN, RAUH.
Allemand.	—	ANDLER, LEVY, sup.
Anglais.	—	ANGELLIER.
Paléographie.	Ch. de cours	MOLINIER.
Grammaire historique de la langue française.	—	ROQUES.
Histoire de l'art.	—	ROLLAND.
Calcul différentiel et intégral.	M. de Conf. MM.	TANNERY, sous-dir.
Mathématiques.	—	RAFFY.
Physique.	—	ABRAHAM, VIOLLE.
Chimie.	—	GERNEZ, PÉCHARD.
Zoologie.	—	HOUSSAY.
Botanique.	—	MATRUCHOT.
Géologie, Minéralogie.	—	DUFET.
Mécanique et astronomie.	—	BOREL.

Dessin.	M. de Conf. MM.	PATRICOT.
Travaux graphiques.	—	J. CARON.
Enseignement musical.	—	AMAND CHEVÉ.

LABORATOIRES

Physique.	Dirigé par MM.	VIOLLE.
Chimie.	—	GERNEZ. Directeur-adj., M. BRILLOUIN.
Zoologie.	—	HOUSSAY.
Botanique.	—	MATRUCHOT.
Géologie.	—	N.
Minéralogie.	—	DUFET.

Publications.   L'École normale publie un périodique intitulé *Annales scientifiques de l'École normale supérieure.* Ces annales ont été fondées en 1864. Elle publie en outre les *Positions* des mémoires présentés par ses élèves pour l'obtention du diplôme d'études supérieures d'histoire et de géographie.

TROISIÈME PARTIE

BUREAU DE RENSEIGNEMENTS
COMITÉS — ASSOCIATIONS
RESTAURANT COOPÉRATIF

Afin de faciliter à l'étudiant, qui vient du dehors suivre les cours de l'Université, l'organisation de sa vie intellectuelle et matérielle, différentes institutions ont été créées, différentes associations se sont constituées.

En tête se place

Le bureau de renseignements scientifiques, — qui a été créé à l'Université sur les fonds accordés par la ville de Paris, et qui fonctionne depuis le 1ᵉʳ août 1903 à la Sorbonne (*salle n° 1, galerie des Sciences et galerie Sorbon*), sous la direction de M. le docteur en médecine Blondel.

Ce bureau a pour but de fournir aux étudiants français et étrangers les renseignements nécessaires sur les questions suivantes :

1° *Université : Facultés et École supérieure de pharmacie.* — Programme des cours et exercices, règlements scolaires, comités de patronage, heures d'ouverture des secrétariats, jours de réception des doyens et secrétaires, heures d'ouverture des bibliothèques, etc.

2° *Assistance publique.* — Hôpitaux : services généraux et spéciaux, heures de visite, de leçons d'opérations. Clamart.

3° *Ville de Paris et Préfecture de la Seine.* — Services d'aliénés. Crèches. Enfants Assistés. Service des eaux, des égouts. Four crématoire. Étuves de désinfection. Ambulances urbaines, etc.

4° *Préfecture de police.* — Laboratoire municipal. Service des épidémies. Service anthropométrique. La Morgue. Dispensaire de salubrité.

5° *Ministère de l'Intérieur.* — Prisons. Aveugles (Quinze-Vingts). Sourds-muets, etc.

6° *Instituts divers.* — Muséum d'histoire naturelle. Institut Pasteur. Laboratoires de la Sorbonne, du Collège de France. École pratique des Hautes-Études. Académie de médecine. Sociétés savantes.

7° Liste par nationalité des médecins étrangers habitant Paris.

Plus de 5 000 fiches peuvent être consultées dans ce bureau, où il y a 42 places pour les lecteurs.

Le bureau de renseignements est ouvert tous les jours, de 10 heures du matin à midi et de 2 heures à 5 heures du soir :

Puis il y a lieu de signaler des comités ou des associations organisées dans l'intérêt des étudiants :

1° **Comité de patronage des étudiants étrangers** (Paris, à la Sorbonne). *Président* : M. CASIMIR PERIER, ancien Président de la République. — Le *Comité de patronage des étudiants étrangers*, fondé en 1891, a pour but de donner à ces étudiants un appui moral, en leur fournissant tous les renseignements nécessaires, tant au point de vue des études qu'au point de vue de la vie matérielle.

Une subvention votée par le Parlement et renouvelée chaque année permet au *Comité de patronage* d'accorder aux étudiants étrangers, qui lui sont recommandés par les autorités de leur pays, et qui sont particulièrement dignes d'intérêt, des bourses dont la valeur varie de 200 francs à 350 francs, destinées *uniquement* à être employées au payement des droits universitaires.

Le *Comité de patronage* a obtenu des grandes compagnies de navigation : la Compagnie Transatlantique et la Compagnie des Messageries maritimes, qu'une réduction de 30 p. 100 sur les prix des passages serait accordée aux étudiants qui viendraient poursuivre leurs études en France ou qui retourneraient dans leur pays.

Tous les jours (sauf le vendredi), de 4 heures 1/2 à 6 heures du soir, dans le local du *Comité de patronage* à la Sorbonne, un secrétaire se met à la disposition des jeunes gens qui désirent obtenir des renseignements précis sur la vie matérielle et sur le caractère ou la nature de l'enseignement donné dans les différents établissements français.

2° **Comité franco-américain** (Paris, 87, boulevard Saint-Michel). — Le *Comité franco-américain*, fondé en 1895, favorise le rapprochement des Universités de France et d'Amérique, et c'est pour aider matériellement à ces bons rapports qu'a été créé le bureau de renseignements.

Ses moyens d'action en France sont la propagande faite par ses membres et les renseignements fournis gratuitement aux étudiants français se rendant aux États-Unis.

Le *Comité* est formé de savants, de professeurs des Universités et de membres du Parlement de France et des États-Unis.

Le *Comité* a publié en anglais, pour les étrangers d'origine anglo-saxonne, une brochure destinée à leur faire mieux connaître les ressources des Universités françaises.

3° **Association américaine des arts de Paris** (Paris, 2, impasse de Conti). — L'*Association américaine des Arts de Paris* a pour but de fournir aux artistes et aux étudiants américains résidant à Paris un lieu de réunion où ils trouvent des facilités de travail et de distractions. Elle offre aussi cet avantage de faciliter les bonnes relations et de fortifier les liens qui unissent les jeunes gens du même pays.

Les membres de l'*Association* trouvent au siège social tous les avantages d'un cercle; vaste bibliothèque, salles de lecture, billard, parloir pouvant servir de salle de conversation et de salle de spectacle, bon restaurant à prix modérés.

L'*Association* s'efforce de devenir, par tous les moyens possibles, un auxiliaire précieux dans la vie à Paris de l'étudiant anglo-saxon. Elle se propose de fortifier son organisation en créant un fonds de ressources permanent, géré par des administrateurs responsables, et de construire un bâtiment qui réponde à tous les besoins.

Les cotisations sont de 20 francs par an pour les membres actifs, et de 10 francs par an pour les membres honoraires.

4° **Association franco-écossaise** (à la Sorbonne, Comité de patronage des étudiants étrangers). — L'*Association franco-écossaise* a été fondée en 1896 par le Comité de patronage des étudiants étrangers ; elle se compose d'une section française et d'une section écossaise.

L'*Association* est ouverte, dans des conditions à déterminer par chacune des sections, aux Français et aux Écossais, aux descendants de Français ou d'Écossais, aux diplômés des Universités des deux pays et à ceux qui y remplissent des fonctions officielles.

Peut être admise, en outre, à en faire partie, toute personne s'intéressant à l'œuvre de la Société.

Cette œuvre consiste :

A rapprocher les Universités de France et d'Écosse, en encourageant le séjour, auprès des unes et des autres, de leurs étudiants respectifs ;

A créer des rapports entre leurs membres respectifs ; à favoriser les études historiques concernant les anciennes relations entre la France et l'Écosse; à instituer des réunions tenues alternativement en Écosse et en France ;

A resserrer par tous autres moyens les liens de sympathie entre les deux pays.

Les deux sections française et écossaise ont chacune leur organisation propre et administrent leurs ressources indépendamment l'une de l'autre. L'organisation des réunions périodiques appartient au pays où elles doivent avoir lieu.

La section française se compose de membres honoraires et de membres adhérents.

Les membres adhérents acquittent une cotisation annuelle dont le minimum est fixé à 10 francs, et peuvent se racheter moyennant le versement en une fois d'une somme de 100 francs. Ils deviennent alors membres perpétuels. Ceux qui versent une somme minimum de 500 francs reçoivent le titre de membres fondateurs.

5° **Association générale des étudiants de Paris** (43, rue des Écoles). — L'*Association générale des étudiants de Paris*, fondée en 1884, a une double fonction : 1° faciliter la vie matérielle de l'étudiant; 2° lui assurer la solidarité intellectuelle et morale.

Elle lui facilite la vie matérielle en lui offrant un lieu de travail confortablement aménagé, en mettant à sa disposition des livres et des collections scientifiques ou littéraires, en lui permettant de venir lire les journaux et causer avec des amis ailleurs qu'au café. Elle lui fait obtenir des réductions sur le prix des livres, des revues, des théâtres, et même des principaux objets nécessaires à la vie. Elle lui vient en aide, d'une manière plus directe, par les prêts d'argent qu'elle peut lui faire ou les secours médicaux qu'elle peut lui donner, ainsi que les répétitions, préceptorats et remplacements de toutes sortes qu'elle procure.

Elle lui assure la solidarité intellectuelle et morale par l'organisation des sections (sections de droit, médecine, lettres, sciences, pharmacie, etc.) : l'adhérent nouveau se trouve dès l'abord mis en relations avec des camarades de sa Faculté ou de son École. Chaque section a sa bibliothèque spéciale. L'ensemble des bibliothèques comprend plus de 25 000 volumes; le nombre des journaux et revues, parmi lesquels il faut compter tous les grands quotidiens et les meilleurs périodiques français et étrangers, s'élève à plus de 200. Le siège social est ouvert de 8 heures du matin à minuit.

L'*Association s'interdit toute manifestation politique ou religieuse.* Elle laisse à chacun de ses membres l'indépendance la plus complète en matière de croyances. Elle n'a pour but que de faciliter la *solidarité intellectuelle sans nuire à l'individualité de personne.*

L'*Association* compte actuellement environ 9 500 membres actifs et 1 200 membres honoraires, perpétuels et fondateurs.

Son budget s'élève, en moyenne, à 45 000 francs par an. Les capitaux placés en valeur atteignent 75 000 francs.

Est admis à faire partie de l'Association, tout étudiant régulièrement inscrit à l'une des Facultés ou École supérieure de Paris.

La cotisation annuelle est de 18 francs.

6° Association amicale des élèves et anciens élèves de la Faculté des sciences de Paris (Siège social, à la Sorbonne, salle de travail des étudiants de la Faculté des Sciences). — Cette *Association* a pour but :

1° De resserrer les liens d'amitié entre les élèves et les anciens élèves de la Faculté des Sciences;

2° D'encourager dans leurs études et de soutenir dans leurs carrières les membres de l'*Association*, et cela par tous les moyens possibles, notamment par la publication d'un bulletin.

Les conditions exigées pour devenir membre de l'*Association* sont les suivantes :

1° Justifier d'une scolarité d'un trimestre à la Faculté des Sciences de Paris ;

2° Être agréé par le Comité ;

3° Verser une cotisation annuelle minimum de 5 francs.

L'*Association* a un Comité de patronage, composé de professeurs, de membres de l'Institut.

Elle possède une bibliothèque et publie un bulletin, qui contient des résumés de cours, des indications relatives aux examens, des thèses de doctorats et des mémoires originaux. Par suite de divers dons, le nombre des volumes scientifiques s'est considérablement augmenté.

Plusieurs des cours des professeurs de la Faculté des Sciences sont publiés par l'*Association.*

7° Association des anciens élèves de la Faculté des Lettres de Paris (Siège social, à la Sorbonne, Faculté des Lettres, salle H). — Cette *Association*, fondée en 1884 sous le titre d'*Association amicale des élèves et anciens élèves de la Faculté des Lettres de Paris*, s'est transformée, par une décision de son Assemblée générale en date du 28 février 1889, en *Association amicale des anciens élèves de la Faculté des lettres de Paris*. Elle offre aux étudiants, à la fin de leurs études littéraires, quelle, que soit d'ailleurs la profession qu'ils choisissent, un moyen d'entretenir des rapports faciles et agréables avec leurs anciens camarades. Elle est le complément des Sociétés qui accueillent les étudiants à Paris pendant la durée de leurs études et ne peuvent les suivre au delà.

Les conditions exigées pour devenir membre de l'*Association* sont les suivantes :

1° Être agréé du Comité;

2° Justifier d'une année de scolarité à la Faculté des Lettres de Paris, ainsi que du grade de licencié, ou du certificat d'aptitude à l'enseignement d'une langue vivante, ou de l'attestation d'études supérieures. — A défaut de l'un quelconque de ces diplômes, justifier de deux années de scolarité à la Faculté des Lettres de Paris;

3° Verser une cotisation annuelle de 5 francs.

Les membres actuels sont au nombre de plus de 300. Une caisse de secours, un annuaire et des réunions amicales maintiennent les relations de bonne camaraderie et fortifient les sentiments de solidarité que l'*Association* se propose de faire durer après la vie scolaire.

8° Association corporative des étudiants en médecine (Paris, 21, rue Hautefeuille). — L'*Association corporative des étudiants en médecine* a été fondée en juin 1902. Elle a pour but :

1° D'établir entre ses membres des liens de solidarité;

2° De rechercher et de mettre en œuvre les moyens utiles au développement moral de la profession;

3° De transmettre aux autorités compétentes les vœux des étudiants en médecine votés en assemblée générale, ces vœux ne pouvant s'appliquer à des questions étrangères aux intérêts scolaires et professionnels;

4° De faciliter par tous les moyens possibles l'instruction profesionnelle de ses membres;

5° D'établir des liens très étroits et une communication constante entre les professeurs, les médecins et les étudiants;

6° D'offrir aux étudiants en médecine de province et de l'étranger un centre d'appui et de solidarité, de faciliter leurs relations avec la capitale.

Ses moyens d'action sont les suivants : offrir aux étudiants, entre les exercices de la Faculté, des salles de travail, des bibliothèques, des conférences; — préparer les candidats aux concours de l'externat et de l'internat des hôpitaux; — instituer, dans la mesure du possible, des bourses pour les étudiants peu fortunés; — organiser un service de remplacement par ses membres.

L'*Association* publie un bulletin périodique mensuel. Elle comprend des membres actifs, honoraires, perpétuels et fondateurs.

9° Association amicale des étudiants en pharmacie de France (Paris, 85, boulevard Saint-Michel). — L'*Association amicale des étudiants en pharmacie de France* a été fondée en 1896. Elle a pour but :

1° D'établir entre ses membres des liens de solidarité et d'amitié;

2° De rechercher et de mettre en œuvre les moyens utiles au développement de la profession;

3° De transmettre aux autorités compétentes les vœux des étudiants votés en assemblée générale, ces vœux ne pouvant en aucun cas s'appliquer à des questions étrangères aux intérêts scolaires ou professionnels;

4° De faciliter par tous les moyens possibles l'instruction professionnelle de ses membres;

5° D'établir des liens plus étroits entre les écoles, les pharmaciens et les étudiants;

6° D'offrir aux étudiants des départements un centre d'appui et de solidarité, de faciliter leurs relations avec la capitale.

Comme moyen d'action, l'*Association* offre à ses adhérents des salles de travail, une bibliothèque scientifique et professionnelle; une collection de produits nécessaires à leur instruction, des conférences, des exercices pratiques, des excursions et visites scientifiques.

Elle publie un bulletin périodique mensuel envoyé à tous les membres de la corporation pharmaceutique.

L'*Association amicale* comprend des membres actifs ou titulaires, des membres honoraires et des membres bienfaiteurs.

10° Union des étudiants républicains (Paris, 61, rue Cardinal-Lemoine). — L'*Union des étudiants républicains* a pour but de perpétuer dans la vie universitaire le respect dû aux principes républicains. De nombreuses conférences sont organisées à cet effet.

Peuvent être admis comme membres actifs les étudiants des Facultés et les élèves des Écoles supérieures, sur la présentation de deux parrains appartenant à l'*Union* et après avis favorable du Comité.

L'*Union* peut admettre comme membre honoraire toute personne capable de favoriser son développement et désireuse d'aider à la réalisation du but qu'elle se propose.

La cotisation minima des membres actifs est fixée à 2 francs par semestre, soit 4 francs par an; celle des membres honoraires à 5 francs par an.

11° La Solidarité universitaire (Paris, 19, rue de Savoie). — La *Solidarité universitaire* est une association d'assistance mutuelle des étudiants français et étrangers, dont le but est de venir en aide aux élèves des établissements d'enseignement supérieur de France et de l'étranger, résidant à Paris, en leur procurant du travail en rapport avec leurs études.

Elle se charge de faire exécuter les travaux qu'on veut bien lui confier, tels que : leçons, traductions, compilations, analyses d'ouvrages, recherches bibliographiques, relevés et tracés de plans, planches, figures, schémas, etc. Un tarif est établi pour les traductions et analyses.

Un contrôle rigoureux est exercé sur la répartition et la bonne exécution des travaux.

La *Solidarité universitaire* comprend 4 catégories de membres :

Les membres *actifs*, qui sont tenus de verser une cotisation mensuelle de o fr. 3o ;

Les membres *donateurs*, qui s'engagent à verser chaque année une somme dont eux-mêmes fixent le montant ;

Les membres *fondateurs*, qui doivent faire don d'une somme d'au moins 5 francs ;

Les membres *honoraires*, qui se font inscrire comme ayant rendu des services importants à la Société.

12° **Cercle catholique des étudiants de Paris** (Cercle du Luxembourg, Paris, 18, rue du Luxembourg). — Le *Cercle du Luxembourg* ou *Cercle catholique des étudiants de Paris* a été établi pour les élèves de l'Institut catholique et les étudiants pratiquant les exercices religieux.

Une bibliothèque et des salles de travail sont ouvertes de 8 heures du matin à 11 heures du soir.

Des conférences gratuites de droit, de médecine, de littérature, de sciences et de philosophie ont lieu chaque semaine dans l'établissement.

Les membres du *Cercle* bénéficient de réductions avantageuses pour les leçons de sculpture, de peinture, de danse, d'équitation, d'escrime, de musique et de chant.

Les mêmes réductions leur sont accordées chez certains fournisseurs.

Les cotisations sont fixées ainsi qu'il suit :

54 francs par an pour les membres actifs ;

10 francs par an pour les anciens membres (ou 200 francs une fois versés) ;

20 francs par an pour les donateurs ;

100 francs par an pour les fondateurs (ou 5oo francs une fois versés).

13° **Cercle d'étudiants protestants de Paris** (Paris, 46, rue de Vaugirard). — Cette *Association* a pour but de grouper les jeunes gens protestants qui viennent faire leurs études à Paris et de leur être utile. Elle leur indique des logements dans des maisons honorables.

Elle admet comme membres actifs des étudiants inscrits à l'Université de Paris, appartenant aux églises protestantes.

Elle reçoit comme membres associés des étudiants âgés de 16 ans au moins, de bonne réputation, et qui affirment leur sympathie pour les principes religieux et moraux de l'Association.

Le local du *Cercle* est situé au premier étage. Il comprend des salles de lecture, de travail et de conversation. Il est ouvert de 9 heures du matin à 11 heures du soir. On y trouve des journaux politiques et religieux, des revues littéraires, scientifiques, économiques et artistiques.

Une bibliothèque, qui est peu à peu augmentée par les dons et des achats, permet aux étudiants des diverses Facultés de trouver dans le local même des moyens de travail.

La cotisation annuelle est de 10 francs, payables en deux fois, le 1er novembre et le 1er avril.

Le *Cercle* compte environ 150 membres.

Des groupes sont organisés, réunissant à intervalles réguliers des jeunes gens qui font les mêmes études ou s'intéressent aux mêmes questions; groupes d'étudiants en médecine, lettres, langues vivantes, beaux-arts, groupes d'Études religieuses, d'Études sociales. Des conférences sont données sur des sujets variés.

14° **Alliance française** (Paris, 45, rue de Grenelle). — L'*Alliance française*, fondée en 1883, a pour but la propagation de la langue et de la littérature françaises dans les colonies et à l'étranger.

Ses moyens d'action sont :

La fondation d'écoles et de cours d'adultes;

L'allocation de subventions aux écoles qui existent déjà;

L'introduction de cours de français dans les écoles qui en sont dépourvues;

La distribution de récompenses propres à assurer la fréquentation des écoles, à stimuler le zèle des élèves, à honorer celui des maîtres;

L'envoi de livres français aux bibliothèques des écoles, cercles et comités des sociétés françaises, des Universités, etc.;

Le recrutement de professeurs de français pour les établissements d'instruction à l'étranger; l'organisation de conférences, etc.;

La publication d'un bulletin;

Des cours de langue et littérature françaises pour les étrangers, professés au siège de l'*Alliance française* en juillet et août.

15° **Université Hall** (Résidence universitaire, Paris, 95, boulevard Saint-Michel). — L'*Université Hall* est une maison de résidence pour les étudiants et les professeurs français et étrangers.

Elle offre aux travailleurs, outre l'hospitalité matérielle, table et logement, un milieu favorable aux études, aux relations, et, d'une manière générale, au contact avec les ressources intellectuelles de Paris.

Les résidents agissent comme maîtres de maison, invitant leurs amis, organisant la vie commune pour le bien et l'agrément de tous.

Ils se prononcent sur les admissions.

Un salon, pourvu d'une bibliothèque, sert de salle de réunion.

Les heures de repas sont fixées d'un commun accord par les résidents.

En France et à l'étranger, l'établissement a pour correspondants des hommes bien connus dans le monde des études.

L'*Université Hall* a organisé une École de français.

16° **Guilde internationale** (Paris, 6, rue de la Sorbonne). — La *Guilde internationale* a pour but de fournir aux étudiantes de toutes nationalités les indications et les conseils dont elles peuvent avoir besoin au sujet de leurs études et de l'organisation de leur vie matérielle.

La section étrangère se propose de familiariser les étudiantes avec la langue et la littérature françaises, afin de leur permettre de suivre avec profit, dès leur arrivée à Paris, les cours et conférences de la Sorbonne et de l'École des Hautes-Études. Pour répondre à ce besoin, la *Guilde* a institué des cours de langue française, de prononciation, de grammaire comparée, de littérature et d'histoire, à l'usage des étrangères.

17° **Restaurant coopératif du quartier latin** (Paris, 14, rue Du Sommerard). — Le *Restaurant coopératif du Quartier Latin*, fondé en 1901, a pour but :

1° De fournir à ses associés une nourriture hygiénique;

2° De leur faire réaliser des économies sur leurs frais de restaurant;

3° De lutter contre l'alcoolisme en se conformant au programme de la *Société contre l'usage des boissons spiritueuses*, dont les principes sont l'abstention entière, sauf prescription médicale, d'eau-de-vie et de toute espèce de liqueurs, et l'usage modéré de vin, de bière ou de cidre.

Le capital social a été fixé à 35 000 francs et divisé en actions de 25 francs chacune, d'un intérêt maximum de 4 p. 100.

Les sociétaires, en souscrivant, versent en numéraire au minimum le premier dixième de leur part, soit 2 fr. 50, et ils doivent se libérer par versements d'au moins 2 fr. 50 par mois.

Les repas sont à la carte, et la moyenne de leur prix est de 1 fr. 15 (*sans aucun pourboire*).

QUATRIÈME PARTIE

ÉTABLISSEMENTS SCIENTIFIQUES
ÉCOLES SPÉCIALES — ÉCOLES LIBRES

CHAPITRE I

Tout l'enseignement supérieur n'est pas concentré à l'Université. Il est donné aussi dans des établissements scientifiques ressortissant au ministère de l'Instruction publique, mais non chargés de la collation des grades, dans des Écoles spéciales qui relèvent soit du ministère de l'Instruction publique, soit du ministère des Travaux publics, soit du ministère du Commerce, soit du ministère de l'Agriculture. Il est donné enfin dans des Écoles, libres de toute attache officielle.

Voici l'énumération des différents établissements dont il sera question dans les chapitres qui vont suivre :

Établissements scientifiques ressortissant au ministère de l'Instruction publique.
Collège de France, 45, rue des Écoles.
Muséum d'histoire naturelle, 57, rue Cuvier.

Écoles spéciales ressortissant au ministère de l'Instruction publique et des Beaux-Arts.
École pratique des Hautes-Études, à la Sorbonne.
École nationale des Chartes, à la Sorbonne.
École des langues orientales vivantes, 2, rue de Lille.
École nationale et spéciale des Beaux-Arts, 14, rue Bonaparte.
École du Louvre, Palais du Louvre, Cour Lefuel.
Conservatoire national de musique et de déclamation, 5, rue du Faubourg-Poissonnière.

Écoles spéciales ressortissant au ministère des travaux publics.	École des Mines, 60, boulevard St-Michel. École des Ponts et Chaussées, 28, rue des Saints-Pères.
École ressortissant au ministère de l'Agriculture.	Institut agronomique, 16, rue Claude-Bernard.
Établissements ressortissant au ministère du Commerce.	École centrale des Arts et Manufactures, 1, rue Montgolfier. Conservatoire des Arts et Métiers, 292, rue Saint-Martin.
Écoles libres.	École libre des Sciences politiques, 27, rue Saint-Guillaume. École des Hautes Études sociales, 16, rue de la Sorbonne. Collège libre des Sciences sociales, 28, rue Serpente. Musée social, 5, rue Las-Cases. École d'Anthropologie, 15, rue de l'École-de-Médecine. École dentaire de Paris, 45, rue de la Tour-d'Auvergne. École odontotechnique, 5, rue Garancière. École dentaire française, 29, boulevard Saint-Martin. École libre d'Architecture, 136, boulevard du Montparnasse.

A. — Établissements scientifiques.

CHAPITRE II

Collège de France.

Origines.   Le Collège de France fut créé par François Ier en 1530 pour enseigner ce qu'on n'enseignait pas ailleurs, le grec par exemple, et eut une existence indépendante jusqu'au 26 mars 1773, date à laquelle il fut rattaché à l'Université de Paris. Mais après le décret du 15 septembre 1793 qui supprimait les collèges de plein exercice et les Facultés de Théologie, de

Médecine, des Arts et de Droit, il resta seul debout, et, à partir de cette date, il reprit son existence autonome, sous l'autorité du ministre de l'Instruction publique. L'enseignement donné au Collège de France n'est pas dogmatique. Comme le disait Renan, en 1892, dans une lettre au ministre de l'Instruction publique, les professeurs exposent l'état de la science et les efforts qu'ils font pour faire avancer les questions à l'ordre du jour. Le Collège de France est un établissement de science pure, libre et désintéressée.

Le Collège de France est dirigé par un administrateur. Il comprend actuellement quarante-quatre chaires, plus trois cours complémentaires qui sont des fondations particulières.

Situation et organisation.

Les cours du Collège de France sont publics et gratuits ; ils sont divisés en deux semestres, dont le premier commence le premier lundi de décembre, le second, le lundi qui suit la semaine de Pâques.

Tout professeur est tenu de faire quarante leçons au minimum dans l'année. L'enseignement ne comporte aucun examen.

Le budget actuel est de 546 500 francs.

Budget.

Enseignements du Collège de France.

Mécanique analytique et mécanique céleste.	MM. MAURICE LÉVY ; HADAMARD, suppléant.
Mathématiques.	JORDAN.
Physique générale et mathématique.	BRILLOUIN.
Physique générale et expérimentale.	MASCART, LANGEVIN, suppléant.
Chimie minérale.	LE CHATELIER, BAUBIGNY, remp.
Chimie organique.	BERTHELOT, MATIGNON, sup.
Médecine.	D'ARSONVAL.
Pathologie générale et comparée.	CHARRIN.
Histoire naturelle des corps inorganiques.	N.
Histoire naturelle des corps organisés.	MAREY ; FRANÇOIS FRANCK, sup.
Embryogénie comparée.	HENNEGUY.
Anatomie générale.	RANVIER, SUCHARD, suppléant.
Psychologie expérimentale et comparée.	PIERRE JANET.
Histoire générale des sciences.	WYROUBOFF.
Histoire des législations comparées.	JACQUES FLACH.
Économie politique.	PAUL LEROY-BEAULIEU.
Géographie, histoire et statistique économiques.	E. LEVASSEUR, administrateur du Collège de France.
Géographie historique de la France.	A. LONGNON.

Histoire des Religions.	MM. A. Réville.
Philosophie sociale.	Izoulet.
Sociologie et sociographie musulmanes.	Alfred Le Chatelier.
Esthétique et histoire de l'art.	E. Guillaume; G. Lafenestre, suppléant.
Épigraphie et antiquités romaines.	Cagnat.
— — *grecques.*	Foucart.
— — *sémitiques.*	Clermont-Ganneau.
Philologie et archéologie égyptiennes.	Maspéro; G. Bénédite, sup.
— — *assyriennes.*	J. Oppert.
Langues et littératures hébraïques, chaldaïques et syriaques.	Ph. Berger.
Langue et littérature arabes.	Barbier de Meynard, Houdas, remplaçant.
— — *araméennes.*	Rubens Duval.
Langue et littérature chinoises et tartares-mandchoues.	Chavannes.
Langue et littérature sanscrites.	Sylvain Lévi.
— — *grecques.*	Maurice Croiset.
Philologie latine.	L. Havet.
Histoire de la littérature latine.	Gaston Boissier.
Philosophie grecque et latine.	Bergson.
Philosophie moderne.	Tarde.
Langue et littérature françaises du moyen âge.	Bédier.
Langue et littérature françaises modernes.	N.
Langues et littératures d'origine germanique.	Chuquet.
Langues et littératures de l'Europe méridionale.	Paul Meyer, Morel-Fatio, suppléant.
Langues et littératures celtiques.	D'Arbois de Jubainville.
— *d'origine slave.*	Léger.
Grammaire comparée.	Michel Bréal.
Antiquités américaines. (Fondation Loubat.)	Léon Lejeal, chargé du cours.
Numismatique et glyptique. (Fondation de la Gazette des Beaux-Arts.)	E. Babelon, chargé du cours.
Mathématiques. (Fondation Peccot.)	Baire, chargé du cours.

   Il y a au Collège de France dix laboratoires. Leur accès n'est accordé qu'aux personnes autorisées par les professeurs-directeurs et justifiant d'études scientifiques suffisantes.

Laboratoires et Stations.

Physique générale et expéri-mentale.	Prof²-dir. MM.	Mascart.
Chimie minérale (Place du Col-lège-de-France, n° 9.)	—	Le Chatelier.
Chimie organique.	—	Berthelot.
Médecine [1].	—	D'Arsonval.
Histoire naturelle des corps inorganiques.	—	N.
Histoire naturelle des corps organisés.	—	Marey.
Embryogénie comparée.	—	Henneguy.
Anatomie générale.	—	Ranvier.
Phonétique expérimentale (rat-taché à la chaire de Gram-maire comparée).	Professeur	Bréal.
Station physiologique du Parc des Princes (Bois de Bou-logne).	Directeur	Marey.
Laboratoire de Zoologie et de Physiologie maritimes de Concarneau (Finistère) [2].	Prof⁵-dir.	D'Arsonval, Marey, Hen neguy et Ranvier.
Laboratoire provisoire de Phy-sique générale et mathéma-tique [3].	—	Brillouin.
Station de Chimie végétale de Meudon [4].	Directeur	Berthelot.

Les laboratoires compris dans l'organisation générale de l'École des Hautes-Études et installés au Collège de France sont les suivants :

Chimie organique. — Histologie (9, place du Collège-de-France). — *Physique biologique. — Cytologie. — Physiologie. — Médecine expérimen-tale. — Géologie physique.*

1. Ce laboratoire possède une annexe, 12, rue Claude-Bernard.
2. Rattaché aux quatre chaires de Médecine, d'Histoire naturelle des Corps orga-nisés, d'Embryogénie comparée et d'Anatomie générale.
3. Des frais de recherches et d'expériences sont alloués en outre à M. Brillouin, professeur de la chaire de Physique générale et mathématique, qui travaille dans le laboratoire de Physique expérimentale en attendant qu'une installation spéciale puisse lui être attribuée.
4. Une station de Chimie végétale, annexée à la chaire de Chimie organique, a été organisée dans le domaine national de Meudon. (Décret du 17 janvier 1883.)

Bibliothèque.

Le Collège de France possède une bibliothèque de 8 500 volumes, réservée aux professeurs.

Donations depuis 1897.

Outre les fondations du duc de Loubat (création d'un cours complémentaire d'antiquités américaines) et de la *Gazette des Beaux-Arts* (création d'un cours complémentaire de Numismatique et Glyptique pendant une période de cinq années), qui datent de 1902, le Collège de France a été autorisé, le 10 mars 1903, à accepter le legs, fait par M. Michonis, d'une somme de 275 000 francs, dont les revenus seront employés à la rémunération de leçons faites par un savant ou penseur étranger, désigné par l'assemblée des professeurs ou l'administrateur du Collège de France, et qui sera, autant que les circonstances le permettront, au moins une fois sur trois, un philosophe ou un historien des sciences religieuses. — D'autre part, il vient de recevoir de M. Alicot, pour être mise à la disposition du titulaire de la chaire de Numismatique et de Glyptique, une collection d'environ 1 200 empreintes en plâtre de pierres gravées antiques et modernes.

CHAPITRE III

Le Muséum d'Histoire naturelle.

Origines.

Le *Muséum d'histoire naturelle* fut fondé en 1626 « à la demande du médecin ordinaire de Louis XIII, Guy Labrosse. Ce fut à l'origine un jardin d'herbes médicinales pour servir ceux qui en auront besoin, même pour l'instruction des écoliers de l'Université de médecine », et annexé à un cabinet d'histoire naturelle. Au XVIII⁰ siècle, grâce à Buffon, qui fut nommé en 1739, le Muséum prit un développement considérable; et la Convention, le 10 juin 1793, rendit un décret portant l'organisation du jardin national des plantes et du cabinet d'histoire naturelle sous le nom de *Muséum d'histoire naturelle*. Le but principal du Muséum, d'après ce décret, devait être l'enseignement public de l'histoire naturelle prise dans toute son étendue et *appliquée particulièrement à l'avancement de l'agriculture, du commerce et des arts.*

Situation et organisation.

Le Muséum est administré par un directeur, assisté d'un conseil de 4 membres. L'enseignement est public. Les professeurs occupent chacun une chaire, et ont en outre pour fonctions la conservation des Collections et la direction des travaux de laboratoire. Aux professeurs sont adjoints pour toutes les parties de leur service des fonctionnaires qui ont le titre d'*assistants*. Le nombre des chaires du Muséum est de *dix-huit*. En outre de ces enseignements il a été organisé une série de conférences pour les Français qui désirent voyager dans les colonies. — Les auditeurs réguliers des cours peuvent obtenir un certificat d'assiduité délivré par les professeurs, et une carte d'étude qui leur donne accès pendant un an dans les galeries et les collections. On peut s'inscrire, sans production de diplôme, pour suivre les conférences et travaux pratiques.

Le budget du Muséum, pour l'exercice 1904, s'élève à la somme de 1 006 000 francs.   *Budget.*

nseignements du Muséum.

Anatomie comparée.	MM. E. PERRIER.
Anthropologie.	E.-T. HAMY.
Botanique : Organographie et physiologie végétales.	PH. VAN TIEGHEM.
Botanique : Classifications et familles naturelles.	ED. BUREAU.
Culture.	COSTANTIN.
Chimie appliquée aux corps organiques.	ARNAUD.
Géologie.	STANISLAS MEUNIER.
Minéralogie.	LACROIX.
Paléontologie.	BOULE.
Pathologie comparée.	CHAUVEAU.
Physiologie végétale appliquée à l'agriculture.	N...
Physiologie générale.	N. GRÉHANT.
Physique appliquée à l'histoire naturelle.	H. BECQUEREL.
Physique végétale.	L. MAQUENNE.
Zoologie : Animaux articulés.	E.-L. BOUVIER.
Zoologie : Reptiles, batraciens et poissons.	L. VAILLANT.
Zoologie : Annélides, mollusques et zoophytes.	L. JOUBIN.
Zoologie : Mammifères et oiseaux.	E. OUSTALET.
Dessin appliqué à l'histoire naturelle.	FRÉMIET, pour le animaux. Mme MADELEINE LEMAIRE, pour les plantes.

Laboratoires.

A chacune des chaires est attaché un laboratoire. Le Muséum possède en outre : 1° un laboratoire maritime à Saint-Vaast-la-Hougue, où l'on fait des travaux zoologiques et botaniques relatifs aux animaux marins; 2° un laboratoire colonial; 3° un laboratoire pour les études spéléologiques et de zoologie et de botanique souterraines.

Collections.

Les collections du Muséum se distribuent ainsi qu'il suit; savoir :

Collections anatomiques; anthropologiques; zoologiques (4 catégories); géologiques; paléontologiques; botaniques : herbiers, fruits, bois, droguier, plantes fossiles.

Ces collections sont groupées dans quatre bâtiments : 1° pour la zoologie; 2°. pour la minéralogie, la géologie, la botanique; 3° pour la paléontologie, l'anatomie comparée et l'anthropologie; 4° pour la physique végétale.

Il y a en outre la *Ménagerie,* qui dépend des deux chaires de zoologie (mammifères et reptiles), et les *serres* qui dépendent de la chaire de culture.

Bibliothèque.

Le Muséum possède une bibliothèque comprenant 216 000 volumes, avec une salle de lecture pouvant tenir au maximum 25 à 30 lecteurs, publique et ouverte tous les jours de 10 heures à 4 heures, sauf les jours fériés.

B. — Écoles spéciales ressortissant au ministère de l'Instruction publique et des Beaux-Arts.

CHAPITRE IV

Ecole pratique des Hautes-Études.

Origines.

L'École pratique des Hautes-Études, installée à la Sorbonne dans des locaux attenant à la bibliothèque de l'Université, a été instituée par M. V. Duruy en vertu d'un décret du 31 juillet 1868, pour « placer, à côté de l'enseignement théorique, les exercices qui peuvent le fortifier et l'étendre ».

Organisation.

L'École ne forme pas un tout unique, concentré dans un même local. Elle est divisée d'abord en 4 sections : Mathématiques, physique et chimie, histoire naturelle et physiologie, sciences historiques et philologiques. En outre, par un décret en date du 3o janvier 1886, une section des sciences religieuses, créée à la suite de la suppression des facultés de théologie catholique, fut annexée aux sections primitives. Seules les sections littéraire et religieuse sont centralisées à la Sorbonne. Quant aux autres enseignements, avec leurs laboratoires, on les trouve au Muséum, au Collège de France, à l'École normale supérieure, dans les Facultés de Paris et même des départements.

Le personnel est composé de directeurs de laboratoires, directeurs d'études, maîtres de conférences, répétiteurs, etc. Aucun grade n'est exigé pour enseigner, ni pour travailler à l'École des Hautes-Études. Il suffit que les titres scientifiques ou des aptitudes particulières aient été reconnus.

Pour être admis dans les laboratoires, il faut être agréé par le directeur du laboratoire, et on peut l'être sans aucune condition de grade ni de *nationalité*. L'admission définitive dans la section littéraire se fait après un stage d'un an. Le cours des études est de trois années, et à la fin de la troisième année, sur production d'un mémoire, on peut obtenir le titre d'*élève diplômé*.

Le budget de l'École s'élève, pour l'exercice de 1904, à 323 000 francs. — *Budget.*

La section de *mathématiques* publie un *Bulletin des Sciences mathématiques*. C'est la seule manifestation de son activité. — La section *des sciences historiques et philologiques* publie une *Bibliothèque de l'École des Hautes-Études* qui en est à son 148ᵉ fascicule et qui comprend les *Mémoires* des élèves diplômés. La section des *Sciences religieuses* suit le même exemple. En outre, chaque année, paraît un *annuaire* de ces deux sections. — *Publications.*

L'École des Hautes-Études (section des sciences historiques et philologiques, et section des sciences religieuses) a une bibliothèque avec une salle spéciale réservée aux élèves de l'École, mais annexée à la bibliothèque de l'Université. Cette bibliothèque est ouverte de 9 heures à midi, et de 3 heures à 10 heures du soir, sauf les dimanches. — *Bibliothèque.*

Enseignements de l'École des Hautes-Études.

1° SECTION DES SCIENCES HISTORIQUES ET PHILOLOGIQUES

Philologie grecque.   MM. JACOB, DESROUSSEAUX.
Philologie byzantine et néogrecque.   PSICHARI.
Épigraphie et antiquités grecques.   HAUSSOULLIER.
Philologie latine.   LOUIS HAVET; ÉMILE CHATELAIN.

Épigraphie latine et antiquités romaines.	MM. Héron de Villefosse.
Histoire.	Monod; Thévenin; Roy; Bémont; Rod. Reuss; Ferd. Lot.
Histoire des doctrines contemporaines de psychol. physiologique.	Jules Soury.
Géographie historique.	Longnon; Victor Bérard.
Grammaire comparée.	Michel Bréal; Gauthiot; A. Meillet.
Phonétique générale et comparée.	Paul Passy.
Langues et littératures celtiques.	Gaidoz.
Philologie romane.	Antoine Thomas; A. Morel-Fatio; Mario Roques.
Dialectologie de la Gaule romane.	Jules Gilliéron.
Histoire littér. de la Renaissance.	Abel Lefranc.
Langue sanscrite.	Sylvain Lévi; Louis Finot.
Langues zende et pehlvie.	A. Meillet.
Langues sémitiques.	Mayer Lambert.
Langue arabe.	Hartwig Derenbourg.
Langue éthiopienne-himyarite et langues touraniennes.	Halévy.
Philologie et antiquités assyriennes.	Jules Oppert; Scheil.
Archéologie orientale.	Clermont-Ganneau; Chabot.
Philologie et antiquités égyptiennes.	Maspero; Guieysse; Moret.
Histoire de la philologie classique.	P. de Nolhac.
Antiquités chrétiennes.	L. Duchesne.
Chef des travaux paléographiques.	H. Lebègue.

IIᵉ SECTION DES SCIENCES MATHÉMATIQUES, DES SCIENCES PHYSICO-CHIMIQUES ET DES SCIENCES NATURELLES

1° SECTION DES SCIENCES MATHÉMATIQUES (Commission de Patronage).

MM. Darboux, secrétaire perpétuel de l'Académie des Sciences, *président*; Picard; Appell; H. Poincaré; Tannery; — M. A. Guillet, *secrétaire.*

2° SECTION DES SCIENCES PHYSICO-CHIMIQUES

La Section des sciences physico-chimiques comprend les *laboratoires* suivants :

Recherches de Physique, à la Sorbonne.	MM. Lippmann.
Enseignement de physique, à la Sorbonne.	Bouty.
Physique, à l'École normale supérieure.	Violle.

*Recherches météorologiques, au parc de
   Saint-Maur.*   MM. RENOU.
Chimie, à l'École normale supérieure.   GERNEZ.
Chimie organique, au Collège de France.   BERTHELOT.
Chimie organique, à la Sorbonne.   HALLER.
Chimie biologique (Institut Pasteur).   DUCLAUX.
Minéralogie, au Muséum d'hist. naturelle.   LACROIX.
*Enseignement et recherches pour la mi-
   néralogie (Sorbonne).*   WALLERANT.
Chimie minérale (Sorbonne).   MOISSAN.
Chimie minérale, au Collège de France.   LE CHATELIER.

3° SECTION DES SCIENCES NATURELLES

La Section des sciences naturelles comprend les *laboratoires* suivants :

*Zoologie expérimentale, à la Sorbonne,
   avec station marit. de Banyuls-sur-Mer.* MM. DELAGE.
Zoologie marit., à Wimereux-Ambleteuse.   ALFRED GIARD.
Zoologie comparative, au Muséum.   JOUBIN.
Histologie, au Collège de France.   RANVIER.
Zoologie maritime, à Villefranche.   BARROIS.
   —   —   *, à Marseille.*   MARION.
   —   —   *, à Cette.*   SABATIER.
Physiologie, à la Sorbonne.   DASTRE.
*Tératologie, à l'École pratique de la Fa-
   culté de Médecine.*   DARESTE.
*Anthropologie, à l'École pratique de la
   Faculté de médecine.*   LABORDE.
Ophtalmologie, à la Sorbonne.   TSCHERNING.
Physiologie, au Collège de France.   MAREY.
Physiologie pathol., au Collège de France.   FRANÇOIS-FRANCK.
*Physiologie générale, au Muséum d'his-
   toire naturelle.*   ROUGET.
Psychologie physiologique (à la Sorbonne).   BINET.
*Botanique, à la Sorbonne, et laboratoire
   de biologie végétale, à Fontainebleau.*   G. BONNIER.
Botanique pratique, au Muséum.   BUREAU.
Botanique, au Muséum.   VAN TIEGHEM.
Géologie, à la Sorbonne.   HAUG.
*Géologie physique, annexé à la chaire d'his-
   toire naturelle des corps inorganiques
   au Collège de France.*   N.
Géologie, à la Fac. des Sciences de Lille.   GOSSELET.
Anatomie comparée (au Muséum).   PERRIER.
Physiologie générale   —   .   GRÉHANT.

— 75 —

Physiologie des sensations, à la Sorbonne. MM.	Ch. Henry.
Médecine expérimentale, au Collège de France.	Charrin.
Paléontologie, au Muséum.	Boule.
Botanique, à l'École supér. de Pharmacie.	Guignard.
Cytologie, au Collège de France.	Henneguy.
Psychologie expér., à l'Asile de Villejuif.	Toulouse.
Physique biologique, au Collège de France.	D'Arsonval.

III° ENSEIGNEMENTS DE LA SECTION DES SCIENCES RELIGIEUSES

Religions des peuples non civilisés. MM.	Mauss.
— *de l'Extrême-Orient et de l'Amérique indienne.*	Léon de Rosny.
— *de l'Ancien Mexique.*	G. Raynaud.
— *de l'Inde.*	Sylvain Lévi; A. Foucher.
— *de l'Égypte.*	Amélineau.
— *d'Israël et des sémites occidentaux.*	Maurice Vernes.
Judaïsme tamuldique et rabbinique.	Israel Lévi.
Islamisme et religions de l'Arabie.	Hartwig Derenbourg.
Religions de la Grèce et de Rome,	André Berthelot; J. Toutain.
Religions primitives de l'Europe.	H. Hubert.
Christianisme byzantin.	G. Millet.
Littérature chrétienne et hist. de l'Église.	J. Réville; E. de Faye.
Histoire des dogmes.	Albert Réville; Picavet, Alphandéry.
— *du droit canon.*	Esmein.

Cours l'bres.
Histoire des anciennes églises d'Orient. MM.	Deramey.
Religion assyro-babylonienne.	C. Fossey.
Religions des sémites septentrionaux.	Isidore Lévy.
Histoire de la littérature biblique.	A. Loisy.

CHAPITRE V

École nationale des Chartes.

Origines

L'École nationale des Chartes a été organisée une première fois par l'ordonnance du 22 février 1821. Elle comprenait alors deux cours, l'un professé aux archives du Royaume et ayant pour but d'apprendre aux élèves à lire les manuscrits, l'autre professé à la Bibliothèque Royale et destiné à l'explication des dialectes français du moyen âge. La durée du cours était de deux ans, le nombre d'élèves nommés par le ministre de l'Intérieur de douze. C'est de l'ordonnance du 31 décembre 1846 que date l'organisation actuelle.

Les élèves sont nommés par le ministre de l'Instruction publique à la suite d'un concours. Ils sont au nombre de 20 au minimum. Les inscriptions en vue de ce concours sont reçues du 20 au 25 octobre. Le cours d'Études est de trois ans, pendant lesquels sont subis des examens semestriels. A la fin de la troisième année, les élèves subissent l'épreuve d'une thèse à la suite de laquelle ils reçoivent le diplôme d'archiviste paléographe. *(marginal: Organisation.)*

Les étrangers qui se font inscrire à l'École des Chartes doivent produire un diplôme équivalent au diplôme de bachelier ès lettres ; dispensés du concours d'admission, ils sont nommés élèves à *titre étranger* par le ministre de l'Instruction publique. Il y a aussi des *auditeurs libres* inscrits à l'École.

Outre ses salles d'enseignement l'École a une bibliothèque réservée à ses élèves, ouverte de 9 heures à 5 heures, sauf les dimanches. Cette bibliothèque renferme 30 000 volumes. *(marginal: Bibliothèque.)*

La salle de lecture comprend 40 places.

Le budget de l'École des Chartes s'élève, pour l'exercice 1904, à 74 000 francs. *(marginal: Budget.)*

Enseignements de l'École [1].

Paléographie.	MM. E. BERGER.
Philologie romane.	P. MEYER.
Bibliographie et services des bibliothèques.	CH. MORTET.
Diplomatique.	M. PROU.
Histoire des institutions politiques, administratives et judiciaires de la France.	J. ROY.
Sources de l'histoire de France.	A. MOLINIER.
Service des Archives.	E. LELONG.
Histoire du Droit civil et du Droit canonique au moyen âge.	P. VIOLLET.
Archéologie du moyen âge.	R. DE LASTEYRIE.

La société de l'École des Chartes, fondée par les élèves de cette École, publie, sous le titre de *Bibliothèque de l'École des Chartes*, un recueil *(marginal: Publication.)*

---

1. Le directeur de l'École est M. PAUL MEYER ; le secrétaire est M. A. MOREL-FATIO.

spécialement destiné aux travaux de ses membres, et consacré à l'étude de l'histoire et de la littérature d'après ses documents originaux.

CHAPITRE VI

École des Langues orientales vivantes.

Origines.

Cette École a été créée par la loi du 10 germinal an III en vertu de laquelle il était établi, à la Bibliothèque nationale, « une école publique destinée à l'enseignement des langues orientales vivantes d'une utilité pratique pour la politique et le commerce ». Ces enseignements étaient au nombre de trois : l'arabe littéral et vulgaire, le persan et le malais, le turc et le tartare de Crimée. Le 11 octobre 1832, l'École fut rattachée au ministère de l'Instruction publique, et son régime actuel a été organisé par un décret du 8 novembre 1869.

Organisation.

Le personnel de l'École, dirigé par un administrateur, comprend des professeurs titulaires, des chargés de cours complémentaires, des répétiteurs indigènes adjoints pour certaines langues au professeur titulaire, et choisis autant que possible parmi les personnes originaires du pays dont ils enseignent la langue.

L'École délivre, après un cours régulier d'études de trois ans et des examens annuels (examens de passage), le diplôme d'élève breveté de l'École des langues orientales vivantes, aux élèves régulièrement inscrits, sur la production de diplômes ou d'attestations justifiant de leurs études antérieures. Le droit d'inscription est de 50 fr. par semestre.

A l'École est ouverte une section spéciale pour les élèves qui se destinent au commerce de l'Orient.

Étudiants étrangers.

Les étrangers peuvent s'inscrire à l'École et obtenir, sur avis du conseil de perfectionnement de l'École, le titre d'élève.

Budget.

Le budget de l'École des langues orientales vivantes s'élève, pour l'exercice 1904, à 165 300 francs.

Enseignements de l'école.

Arabe littéral.	MM. HARTWIG DERENBOURG.
Arabe vulgaire.	O. HOUDAS, ZENAGUI, répétiteur indigène.
Persan.	CL. HUART.

Turc.	MM. Barbier de Meynard, Sévadjian, répétiteur indigène.
Arménien.	Meillet.
Grec moderne.	Psichari, Hubert Pernot, répétiteur.
Chinois.	A. Vissière, Wen Houéi, répétiteur indigène.
Japonais.	Léon de Rosny, Hayasi, répétiteur indigène.
Annamite.	J. Bonet.
Hindoustani et langue tamoule.	Julien Vinson.
Russe.	Boyer, N. Gay, répétiteur.
Roumain.	Émile Picot.
Géographie, histoire et législation des États de l'Extrême-Orient.	Henri Cordier.
Siamois (Thai).	E. Lorgeou.
Géographie, histoire et législation des États musulmans.	Paul Ravaisse, chargé du cours.
Abyssin.	Mondon-Vidailhet, chargé du cours.
Malais.	Tugault, chargé du cours.
Malgache.	Durand, chargé du cours.
Dialectes soudanais.	Rambaud, chargé du cours.

La bibliothèque, constituée par différents fonds, entre autres le fonds des jeunes de langues, le fonds Brunet de Presles et la collection Collin de Plancy, comprend plus de 50 000 volumes. Elle est ouverte de 2 heures à 4 heures, le mardi et le vendredi pour les personnes autorisées à la fréquenter. *Bibliothèque.*

Les élèves réguliers peuvent travailler dans la salle d'étude tous les jours, de midi à 5 heures. *Salle d'étude.*

CHAPITRE VII

École nationale et spéciale des Beaux-Arts.

L'École nationale et spéciale des Beaux-Arts, fondée au XVIIe siècle, donne l'enseignement des arts du dessin, de la peinture, de la sculpture, de l'architecture, de la gravure en taille-douce, de la gravure en médaille et en pierre fine. *Origines et objet.*

Elle comprend :
1° Des cours se rapportant aux diverses branches de l'art, suivis *Organisation.*

a) par les élèves de l'école proprement dite; *b*) par toute personne ayant obtenu une carte d'admission;

2° *L'École* proprement dite, où l'on peut, à la suite du concours d'admission, participer à des études pratiques, à des concours, obtenir des récompenses et des titres;

3° Des ateliers, où l'on peut participer à des études pratiques et obtenir des récompenses, ouverts *a*) aux élèves de l'école proprement dite, *b*) aux jeunes gens qui, bien que n'étant pas admis à l'école proprement dite, sont agréés par le professeur;

4° Des collections;

5° Une bibliothèque, ouverte de midi à 4 heures, et de 8 heures à 10 heures du soir, sauf les dimanches.

L'enseignement de l'*École* est gratuit.

Étudiants étrangers.   Les étrangers sont admis aux cours, qui sont publics. Ils peuvent concourir pour l'admission à l'École proprement dite. Ils doivent se présenter avec une lettre d'introduction de l'Ambassadeur, du Ministre, ou du Consul général de leur nation. Ils sont admis, après l'examen, en aussi grand nombre que les locaux le permettent, et en plus du nombre fixé par les règlements pour les élèves français.

Budget.   Le budget de l'École des Beaux-Arts s'élève, pour l'exercice 1904, à 420 260 francs.

1° ENSEIGNEMENTS

A. — Section de peinture et de sculpture.

Dessin et sculpture de l'école proprement dite.	MM. BOUGUEREAU, J.-P. LAURENS, L.-O. MERSON, LEFEBVRE, F. FLAMENG, professeurs peintres; INJALBERT, COUTAN, HUGUES, LOMBARD, FERRARY, professeurs sculpteurs.
Sculpture sur pierre et sur marbre.	PETER.
Anatomie.	PAUL RICHER.
Histoire et archéologie.	HEUZEY, POTTIER, suppléant.
Perspective.	JULIEN.
Esthétique et histoire de l'art.	DE FOURCAUD.

B. — Section d'architecture.

Dessin ornemental.	MM. D'ESPOUY.
Mathématiques.	BOURLET.
Géométrie descriptive.	PILLET.

Stéréotomie et levé de plans.   MM. MARCEL LAMBERT.
Physique, chimie et géologie.   RIBAN.
Construction.   MONDUIT.
Perspective.   JULIEN.
Législation du bâtiment.   MULLE.
Histoire de l'architecture.   MAGNE.
Histoire de l'architecture fran-
  çaise au moyen âge et à la
  Renaissance.   BŒSWILLWALD.
Théorie de l'architecture.   GUADET.

C. — Sections de peinture, de sculpture et d'architecture.

ENSEIGNEMENTS COMMUNS AUX TROIS SECTIONS

Histoire générale.   MM. LEMONNIER.
Littérature.   ROCHEBLAVE.

ENSEIGNEMENT SIMULTANÉ DES TROIS ARTS

Dessin.   MM. JOSEPH BLANC.
Modelage.   ALLAR.
Architecture élémentaire.   BÉNARD.
Composition décorative.   MAYEUX.

2° ATELIERS

Peinture.   MM. BONNAT, CORMON, F. HUMBERT,
                                      FERRIER.
Sculpture.   THOMAS, BARRIAS, MERCIÉ, MAR-
                                      QUESTE.
Architecture.   MOYAUX, PAULIN, SCELLIER DE
                                      GISORS.
Gravure en taille-douce.   JACQUET.
Gravure en médailles et en
  pierres fines.   CHAPELAIN.

CHAPITRE VIII

Ecole du Louvre.

L'*Ecole du Louvre,* fondée en 1882, a pour objet général de tirer des   **Origines et objet.**
collections, pour l'instruction du public, l'enseignement qu'elles renfer-

ment. Son objet spécial est de former des élèves capables d'être employés soit dans les musées de Paris ou des départements, soit à des missions scientifiques ou à des fouilles.

Organisation.

Les cours, publics et gratuits, sont ouverts aux étrangers et aux nationaux, à titre d'élèves ou d'auditeurs libres.

La durée des études est fixée à trois années. Les cours commencent dans la première semaine pleine de décembre et prennent fin vers le 15 juin.

A la fin de chaque année, les élèves subissent un examen.

Après le 3e examen, l'élève qui veut obtenir le titre « d'élève diplômé de l'*École* », présente une thèse manuscrite, acceptée par le professeur, sur une des matières enseignées dans le cours. Il la soutient devant un jury.

Enseignements de l'École.

Archéologie nationale.	MM. SALOMON REINACH.
Archéologie orientale et céramique antique.	HEUZEY; E. POTTIER, sup.
Archéologie égyptienne.	PIERRET.
Langues démotique, copte et hiératique, droit égyptien.	EUGÈNE REVILLOUT.
Épigraphie orientale : assyrienne, phénicienne et araméenne.	LEDRAIN.
Histoire de la peinture.	GEORGES LAFENESTRE.
Histoire de la sculpture du moyen âge, de la Renaissance et des temps modernes.	ANDRÉ MICHEL.
Histoire des Arts appliqués à l'industrie en France.	G. MIGEON.

CHAPITRE IX

Conservatoire national de Musique et de Déclamation.

Origines et objet.

Le *Conservatoire national de Musique et de Déclamation*, fondé en 1795, est consacré à l'enseignement gratuit de la musique vocale et instrumentale, et de la déclamation dramatique et lyrique.

Organisation.

On n'est admis élève que par voie d'examen et de concours (les concours ont lieu du 14 octobre au 15 novembre).

Les aspirants étrangers peuvent être reçus avec l'autorisation spéciale du ministre de l'Instruction publique. Ils jouissent des mêmes droits et sont soumis aux mêmes obligations que les élèves nationaux. Toutefois, ils ne peuvent être admis à concourir pour les prix que dans leur 2ᵉ année d'études du *Conservatoire.*

Des cartes d'*auditeurs bénévoles* sont accordées, par exception, aux étudiants qui en font la demande au Directeur.

Le Conservatoire comprend une école, une bibliothèque, un musée.

La bibliothèque est ouverte de 10 heures à 4 heures, sauf les dimanches. Le musée, qui renferme de riches collections d'instruments de tous les temps et de tout pays, est ouvert les lundis et jeudis de midi à 4 heures. *Bibliothèque et musée.*

ENSEIGNEMENTS : Solfège et théorie musicale ; — Harmonie, orgue et composition ; — Chant, déclamation lyrique ; — Piano, harpe ; — Instruments à archet ; — Instruments à vent ; — Classe d'ensemble ; — Lecture à haute voix, diction et déclamation dramatiques ; — Histoire générale de la musique ; — Histoire et littérature dramatiques. *Enseignements.*

C. — Écoles spéciales

ressortissant au ministère des Travaux publics.

CHAPITRE X

Ecole nationale supérieure des Mines.

L'*École nationale supérieure des Mines,* fondée en 1778, est destinée à former les ingénieurs pour le service confié par l'État au corps des *Mines* et à donner l'instruction technique aux jeunes gens qui veulent obtenir le diplôme d'ingénieur civil des mines pour l'industrie privée. *Origines et objet.*

L'*École* reçoit aussi des élèves externes français, admis après concours, et des élèves étrangers, admis par décision du ministre des Travaux publics, sur la demande des ambassadeurs ou chargés d'affaires des *Organisation.*

puissances étrangères, sous la condition de subir un examen de capacité.

Les élèves sont tenus d'acquitter un droit de scolarité (5oo francs par an, au minimum). La durée des cours est de trois ans.

A la sortie de l'*École*, les élèves étrangers peuvent recevoir soit un diplôme d'ingénieur civil des mines, soit un certificat d'études.

En dehors des élèves réguliers, le directeur peut autoriser des personnes françaises ou étrangères à suivre les leçons de certains cours non publics.

Bibliothèque et collections. La bibliothèque de l'École des Mines est ouverte de 9 heures à 6 heures, sauf les dimanches. L'École possède en outre de magnifiques collections minéralogiques, géologiques et paléontologiques, que le public peut visiter le mardi, le jeudi et le vendredi de 1 heure à 4 heures.

Enseignements de l'École.

Minéralogie.	MM. Termier.
Pétrographie.	Termier.
Paléontologie.	Douvillé.
Géologie.	Bertrand.
Exploitation des mines.	Lebreton.
Machines.	Sauvage.
Mécanique.	Lecornu.
Métallurgie.	Lodin.
Physique.	Le Verrier.
Chimie.	Babu.
Chimie analytique.	Chesneau.
Construction.	Humbert.
Chemins de fer.	Beaugey.
Géologie appliquée.	De Launay.
Législation.	Aguillon.
Économie industrielle.	Cheysson.
Chimie industrielle.	Le Chatelier.
Électricité industrielle.	Rateau.
Paléontologie végétale.	Zeiller.
Hydraulique et construction de machines.	Sauvage.
Conférences et exercices de topographie.	Pelletan.
Langue allemande.	Bossert.
Langue anglaise.	Morel.
Travaux graphiques.	Coquelet.

CHAPITRE XI

École nationale des Ponts et Chaussées.

L'École nationale des Ponts et Chaussées, fondée en 1747, a pour but   *Origines et objet.*
de former des ingénieurs pour les divers services de l'État qui rentrent
dans les attributions du Corps des *Ponts et Chaussées.*

L'enseignement est gratuit; les élèves externes et les élèves étrangers   *Organisation.*
sont seulement tenus de verser, au commencement de chaque année, une
somme de 40 francs pour les fournitures, les détériorations des modèles,
livres ou objets mobiliers. Les cours sont de trois ans. Ils sont divisés
en cours *préparatoires* et en cours *spéciaux.*

L'établissement peut recevoir des élèves étrangers.

Les candidats étrangers ont à subir un examen de capacité; leurs
demandes doivent être visées par les représentants de leurs gouvernements à Paris. Leur admission est prononcée par le ministre dans la
limite des places disponibles.

Les élèves externes et les élèves étrangers reçoivent à leur sortie de
l'*École*, soit un diplôme d'ingénieur des constructions civiles, soit un certificat d'études, suivant qu'ils ont obtenu tel ou tel minimum de points
fixés par le règlement.

Des *auditeurs libres* peuvent également être admis, sur l'autorisation
du directeur, à suivre certains cours non publics.

La bibliothèque de l'École des Ponts et Chaussées est ouverte de   *Bibliothèque.*
9 heures à 10 heures 1/2 et de midi 1/2 à 5 heures 1/2, sauf les dimanches.

Enseignements.

Routes.	MM. DEBAUVE, D'OCAGNE.
Ponts.	RÉSAL, SÉJOURNÉ.
Chemins de fer.	FOUAN.
Navigation intérieure.	DE MAS.
Travaux maritimes.	DE ROCHEMONT.
Architecture.	BONNET et PILLET.
Analyse et mécanique.	HAAG et ADAM.
Mécanique appliquée.	RÉSAL, RABUT.
Géométrie descriptive et stéréotomie.	D'OCAGNE.
Minéralogie et géologie.	NIVOIT.

Machines à vapeur et moteurs thermiques.	MM. WALCKENAER.
Procédés généraux de construction.	DE PRÉAUDEAU.
Matériaux de construction.	MESNAGER.
Hydraulique agricole et urbaine.	BECHMANN.
Physique et chimie.	GARIEL.
Électricité appliquée.	DE NERVILLE.
Économie politique et finances.	COLSON.
Économie sociale.	GIDE.
Droit administratif.	MARGUERIE, ROMIEU.
Travaux graphiques.	PILLET.
Langue allemande.	N.
Langue anglaise.	BARET.

D. — École
ressortissant au ministère de l'Agriculture.

CHAPITRE XII

Institut national agronomique.

Origines et objet.　　L'*Institut national agronomique*, fondé en 1876, a pour but de former :

1° Des agriculteurs et des propriétaires possédant les connaissances scientifiques nécessaires pour la meilleure exploitation du sol ; — 2° des professeurs spéciaux pour l'enseignement agricole ; — 3° des administrateurs instruits et capables pour les divers services publics ou privés dans lesquels les intérêts de l'agriculture sont engagés ; — 4° des agents pour l'administration des forêts ; — 5° des agents pour l'administration des haras ; — 6° des directeurs de stations agronomiques ; — 7° des chimistes ou directeurs pour les industries agricoles ; — 8° des ingénieurs agricoles.

Organisation.　　L'Institut se compose de l'*École supérieure de l'agriculture* et d'une ferme expérimentale, établissement de recherches créé à la ferme de la Faisanderie, à Joinville-le-Pont.

L'admission des élèves est prononcée à la suite d'un concours. Les candidats doivent avoir 17 ans révolus le 1ᵉʳ janvier de l'année où ils se présentent.

La rétribution scolaire pour l'enseignement et les frais d'examen est fixée à 5oo francs par an.

Indépendamment des élèves réguliers, l'*Institut agronomique* reçoit des auditeurs libres, qui ne sont soumis à aucune condition d'âge et sont dispensés de tout examen d'admission. Les auditeurs libres payent une rétribution fixée à 1oo francs par an. L'admission est prononcée par le *Directeur de l'établissement.*

Les étrangers peuvent être admis, soit comme élèves, soit comme auditeurs libres; dans l'un et l'autre cas, ils sont soumis aux mêmes conditions et règles que les nationaux, pour ce qui regarde l'admission, la rétribution scolaire et le séjour à l'*École.* Ils doivent présenter un certificat émanant de leur agent diplomatique en France.

La durée des études est de deux ans, après lesquels l'élève qui en est jugé digne reçoit le diplôme d'ingénieur agronome, délivré par le ministre de l'Agriculture.

Les élèves qui, sans avoir obtenu le diplôme, ont fait preuve cependant de connaissances suffisantes et d'un travail régulier, reçoivent un certificat d'études délivré par le ministre.

La bibliothèque de l'Institut national agronomique est ouverte de 9 heures à 11 heures et de 4 heures à 6 heures, sauf les dimanches.   *Bibliothèque.*

Enseignements.

Économie rurale.	MM. Convert.
Physique et météorologie.	Angot.
Géologie appliquée à l'agriculture.	Cayeux.
Chimie appliquée à l'agriculture.	André.
Technologie agricole.	Lindet.
Biologie des végétaux cultivés en France et aux colonies.	Van Tieghem.
Zoologie.	Marchal.
Mathématiques.	Laurent.
Machines agricoles et constructions rurales.	Ringelmann.
Hydraulique et mécanique agricoles.	Hérisson.
Mécanique.	Thévenin.
Agriculture générale et spéciale.	Schribaux.
Sylviculture.	Rivet.
Législation rurale et droit administratif.	Gauwain.
Zootechnie.	Mallèvre.
Viticulture.	Viala.
Cultures coloniales.	Dybowski.
Anatomie et physiologie.	Regnard.

Dessin graphique.   MM. MURET.
Chimie analytique.   MUNTZ et GIRARD.
Hippologie. .   LAVALARD.
Économie politique.   SOUCHON.
Comptabilité.   DE SAUVAGE.
Mathématiques et topographie.   PELLISSIER.
Arboriculture et horticulture.   NANOT.
Pathologie végétale.   DELACROIX.
Pisciculture.   DELONCLE.
Agriculture comparée.   HITIER.
Chimie organique appliquée aux pro-
.. duits agricoles.   BIDET.
Microbiologie.   KAYSER.

Laboratoires et stations. *Laboratoires de fermentation. — Pathologie végétale. — Station d'essai de semences. — Stations d'essai de physiologie et de zootechnie. — Entomologie agricole. — Mécanique. — Hydraulique agricole.*

E. — Établissements
ressortissant au ministère du Commerce.

CHAPITRE XIII

Ecole centrale des Arts et Manufactures.

Origines et objet. L'*École centrale des Arts et Manufactures*, fondée en 1795, est destinée à former des ingénieurs pour toutes les branches de l'industrie et pour les travaux et services publics dont la direction n'appartient pas nécessairement aux ingénieurs de l'État.

Organisation. Cette *École* ne reçoit que des élèves externes. Les étrangers peuvent y être admis comme les nationaux : leur admission a lieu aux mêmes conditions.

L'admission des élèves est prononcée à la suite d'un concours qui a lieu deux fois par an, à Paris, en juillet et en septembre. Les candidats ont le droit d'opter entre les deux sessions; mais ceux qui échouent à la première ne peuvent pas se présenter à la seconde.

La durée du cours des études est de trois années. Le prix de l'enseignement est de 900 francs pour la première année d'études, de 1 000 francs pour la deuxième et pour la troisième année, y compris les frais qu'entraînent les diverses manipulations.

En outre, il est perçu pour les concours de sortie des études de troisième année un droit de concours de 100 francs; une somme de 50 francs est remboursée aux élèves n'ayant pas obtenu le diplôme.

Au commencement de chaque année, les élèves sont également tenus de verser à la caisse de l'*École*, et à titre de dépôt, une somme de 35 francs, destinée à garantir le payement des objets perdus, cassés ou détériorés par leur faute.

A la fin de la troisième année d'études, des diplômes d'*ingénieur des Arts et Manufactures* sont délivrés aux élèves qui ont satisfait d'une manière complète à toutes les épreuves du concours. Des certificats de capacité sont accordés à ceux qui, n'ayant satisfait que partiellement aux épreuves, ont néanmoins justifié de connaissances suffisantes sur les points les plus importants de l'enseignement.

La bibliothèque de l'*École* centrale est ouverte de 1 heure à 5 heures, sauf les dimanches.   *Bibliothèque.*

Enseignements.

Constructions civiles.	MM. DENFER.
Mécanique appliquée.	LÉVY.
Constructions de machines.	BODIN.
Travaux publics.	BOUTILLIER.
Physique industrielle.	GROUVELLE.
Chemins de fer.	DEHARME.
Machines à vapeur.	BOURDON.
Chimie analytique.	ENGEL.
Exploitation des mines.	COURIOT.
Chimie industrielle.	VINCENT.
Mécanique appliquée.	DE FONTVIOLLANT.
Électricité industrielle.	MONNIER.
Métallurgie générale.	DE RETZ.
Sidérurgie.	MÉTAYER.
Technologie chimique.	BOUCHERON.
Législation industrielle.	PELLETIER.
Hygiène appliquée.	MÉNARD.
Mécanique générale.	PICARD.
Géométrie descriptive.	G. LÉVI.
Chimie générale.	GERNEZ.
Physique générale.	CHAPPUIS.

Analyse mathématique.   MM. Appell.
Minéralogie et géologie.   Bergeron.
Architecture.   Delmas.
Constructions métalliques.   Duplaix.

———

CHAPITRE XIV

Conservatoire national des Arts et Métiers.

Origines et objet. — Le *Conservatoire des Arts et Métiers,* fondé en 1764, a pour objet les sciences appliquées aux arts. C'est à la fois un musée et un établissement d'enseignement.

Organisation. — Les cours sont publics et gratuits.

Tous les assistants aux cours sont des auditeurs libres. Ils peuvent demander un certificat d'assiduité aux professeurs dont ils ont suivi les cours.

Il est distribué, en fin d'année, par le Conseil d'administration du Conservatoire, des prix aux élèves qui se sont fait remarquer par leur assiduité. Ces prix consistent en argent, médailles, lettres de félicitations, lettres d'encouragement.

Aucun examen n'est subi au Conservatoire. — Indépendamment de l'enseignement régulier, il se fait au Conservatoire des conférences publiques le dimanche. Elles sont confiées à des savants ou à des hommes qui se sont distingués dans une branche des sciences ou des arts appliquée.

Bibliothèque et collections. — La bibliothèque est publique; elle est ouverte tous les jours, sauf le lundi, de 10 heures à 3 heures, et le soir de 7 heures 1/2 à 10 heures; aucun livre ne peut être emporté en dehors de l'établissement.

Les galeries de collections sont ouvertes au public de midi à 3 heures en hiver, et de midi à 4 heures en été.

Enseignements.

Géométrie appliquée aux arts.   MM. Laussedat, Haag, rempl.
Géométrie descriptive.   Rouché.
Mécanique appliquée aux arts.   Sauvage.
Constructions civiles.   Pillet.
Physique appliquée aux arts.   Violle.
Électricité industrielle.   Deprez.
Chimie générale dans ses rapports avec
*   l'industrie.*   Jungfleisch.

Chimie industrielle.   MM. FLEURENT.
Métallurgie et travail des métaux.   LE VERNIER.
Chimie appliquée aux industries de la
  teinture, de la céramique et de la ver-
  rerie.   DE LUYNES.
Chimie agricole et analyse chimique.   SCHLŒSING.
Agriculture.   GRANDEAU.
Filature et tissage.   IMBS.
Économie politique et législation indus-
  trielle.   LEVASSEUR.
Économie industrielle et statistique.   LIESSE.
Art appliqué aux métiers.   MAGNE.
Histoire du travail.   RENARD.
Assurance et prévoyance sociales.   MABILLEAU.
Droit commercial.   ALGLAVE.
Économie sociale.   BEAUREGARD.

F. — Écoles libres.

CHAPITRE XV

École libre des Sciences politiques.

L'*École des Sciences politiques*, dont l'enseignement comprend les   Objet.
connaissances nécessaires soit à l'homme d'État, soit au penseur ou au
publiciste politique, se propose le même but que l'ancienne *École d'admi-*
nistration.

Chacune des grandes divisions de son enseignement constitue une
préparation complète à l'une des carrières suivantes : Diplomatie, Conseil d'État, Administration, Inspections des finances et des colonies,
Cour des comptes, Gouvernements généraux de l'Algérie et de l'Indo-
Chine, Protectorat de la Tunisie, Entreprises financières, industrielles et
commerciales en France, à l'étranger et dans les colonies.

L'*École* reçoit des élèves et des auditeurs; les uns et les autres sont   Organisation.
admis sans examen, avec l'agrément du *directeur* et du *conseil de l'École.*

Ils n'ont à justifier d'aucun grade universitaire.

L'enseignement comprend un ensemble de cours répartis en deux
années, mais la durée des études peut être étendue à trois ans.

Les cours et conférences sont distribués en *cinq sections* : I. Section administrative; II. Section économique et financière; III. Section économique et sociale [1]; IV. Section diplomatique; V. Section générale (droit public et histoire).

Dans chaque section, un examen partiel a lieu à la fin de chaque année d'études, un examen général et final à l'expiration de la dernière année. Le coût des inscriptions d'ensemble s'élève par an à 300 francs.

Les élèves qui en font la demande sont seuls admis à subir ces épreuves [2].

Les élèves qui aspirent au diplôme doivent présenter un travail étendu et supposant des lectures ou des recherches personnelles, sur un sujet emprunté à l'enseignement de leur section, à leur choix.

L'année scolaire va du 9 novembre 1903 au 5 juin 1904.

Les inscriptions sont payantes; le prix est de 70 francs par an.

Bibliothèque et salles d'études. La bibliothèque et les salles d'études sont ouvertes de 10 heures du matin à 10 heures du soir, sauf les dimanches, aux personnes qui y ont entrée par leur inscription. La bibliothèque se compose d'environ 25 000 volumes et d'environ 160 revues et journaux français et étrangers.

Enseignements.

Histoire parlementaire et législative de la France, de 1789 à 1902.	MM. ESMEIN.
Histoire diplomatique de l'Europe de 1713 à 1789.	BOURGEOIS.
— — *de 1818 à 1878.*	SOREL.
Histoire politique des principaux États de l'Europe pendant les vingt-cinq dernières années.	A. LEROY-BEAULIEU.
Affaires d'Orient.	VANDAL.
Les États-Unis d'Amérique de 1775 à 1900.	A. VIALLATE.
Les grands hommes d'État du XIXᵉ siècle.	FUNCK-BRENTANO.
Droit international.	RENAULT.
Droit des gens.	CH. DUPUIS.
Législation commerciale comparée.	LYON-CAEN.

1. Les cours de la *section économique et sociale* sont complétés par des visites industrielles. La durée des études est de deux ans comme pour les autres sections. Elle peut être réduite exceptionnellement pour cette section à un an pour les élèves ayant obtenu déjà le diplôme de la « section économique et financière » ou de la « section administrative », et pour les candidats âgés de vingt-trois ans qui justifient d'un diplôme jugé suffisant par le Conseil d'administration.

2. L'École publie, avec la collaboration des professeurs et des anciens élèves, une revue trimestrielle intitulée *Annales des Sciences politiques* — La Société des anciens élèves de l'École a organisé, pour les élèves de l'École, des réunions de travail, à l'exemple des groupes de travail institués par la Direction de l'École et destinés aux jeunes gens qui ont parcouru le cycle des études et aux élèves les plus distingués de 3ᵉ année.

Colonisation comparée et étude des divers procédés colonisateurs.	MM. CHAILLEY-BERT.
Questions politiques et écon. dans l'Asie Orientale.	SILVESTRE.
Géographie des possessions françaises de l'Afrique et de l'Extrême-Orient.	P. PELET.
Organisation et pratique administrative en France et dans les pays étrangers.	LE VAVASSEUR DE PRÉCOURT.
Matières administratives.	TARDIEU, ROMIEU.
Législation algérienne et coloniale.	WILHELM.
Droit musulman.	HOUDAS.
Finances publiques.	STOURM.
Législation budgétaire de la France.	COURTIN.
Législation fiscale de la France.	PLAFFAIN.
Règles de la comptabilité publique en France.	BOULANGER.
Finances étrangères.	R.-G. LÉVY.
Économie politique.	DE FOVILLE.
Le socialisme en Europe au XIXe siècle.	E. HALÉVY.
La monnaie, le crédit et le change.	ARNAUNÉ.
Législation civile comparée.	FLACH.
Économie sociale.	CHEYSSON.
Législation ouvrière.	G. PAULET.
Hygiène publique.	FLEURY.
Histoire constitutionnelle de l'Europe.	CH. BENOIST.
Enregistrement.	DE COLONJON.
Allemand.	CART.
Anglais.	MOREL.

CHAPITRE XVI

École des Hautes Études sociales.

Un établissement libre d'enseignement supérieur est organisé à Paris sous ce titre : *École des Hautes Écoles sociales.*

L'*École des Hautes Études sociales* comprend quatre sections : *École de morale, École socia's, École de journalisme, École d'art.*

Sont admises aux cours de l'*École* toutes les personnes qui en font la demande, sous les conditions suivantes :

1° Inscription au secrétariat ;

2° Versement d'un droit d'inscription général de 20 francs, et d'un droit d'inscription spécial de 10 francs par section. Ce droit est réduit de moitié pour les étudiants, les professeurs et les maîtres de toute catégorie [1].

1. Cette inscription donne droit à l'usage gratuit de la bibliothèque et de la salle de lecture (journaux, revues, etc.).

L'École des Hautes Études sociales délivre deux sortes de diplômes : un diplôme de section et un diplôme d'École.

Une réduction de la durée des études pourra être accordée aux étudiants étrangers, sur demande appuyée par les présidents de section.

Bibliothèque.   La bibliothèque est ouverte de 2 heures à 7 heures, sauf les dimanches.

CHAPITRE XVII

Collège libre des Sciences sociales.

Objet.   Le *Collège libre des sciences sociales* a pour but l'étude des doctrines sociales.

Organisation.   Sont admises aux cours toutes les personnes qui en font la demande, sous les conditions suivantes :

a) Inscription au secrétariat.

b) Versement d'un droit d'inscription de 3o francs.

Les étudiants inscrits aux établissements d'enseignement supérieur, les professeurs de toute catégorie et les maîtres auxiliaires ou répétiteurs ne payent qu'un droit de 10 francs.

Des groupes d'étude et des visites d'ateliers, ainsi que des conférences du soir, sont organisés durant chaque exercice, selon les convenances de l'enseignement régulier.

Les élèves du *Collège libre des sciences sociales* sont admis, sur la présentation de leur carte, à profiter de la bibliothèque et des collections du *Musée social.*

Bibliothèque.   La bibliothèque est ouverte de 10 heures du matin à 10 heures du soir, sauf les dimanches.

CHAPITRE XVIII

Musée social.

Objet.   Le *Musée social* (fondation du *comte de Chambrun*) a pour but de mettre gratuitement à la disposition du public, avec informations et consultations, les documents, modèles, plans, statuts, etc., des institutions et organisations sociales qui ont pour objet et pour résultat d'améliorer la situation matérielle et morale des travailleurs.

Il donne chaque hiver deux séries de conférences, faites soit par les chargés de mission du *Musée*, qui exposent les faits étudiés impartialement sur place, soit par des collaborateurs ou amis du *Musée*, qui traitent de façon purement documentaire les questions économiques et sociales où ils sont particulièrement compétents.

Le *Musée* envoie des délégués étudier sur place les *faits sociaux* et les *institutions sociales* qui s'imposent à son attention.
Organisation.

La bibliothèque se compose de livres, brochures, périodiques et documents divers ayant trait aux questions *économiques* et *sociales*, et est ouverte de 9 heures à midi et de 2 heures à 6 heures, sauf les dimanches.
Bibliothèque.

CHAPITRE XIX

École d'Anthropologie.

L'*École d'anthropologie*, fondée en 1875, a pour but de répandre la connaissance des sciences anthropologiques par des cours, des conférences, des démonstrations, des excursions, etc.
Objet.

Les cours sont publics et gratuits. Un registre est déposé à la bibliothèque pour les auditeurs qui désireraient un certificat d'assiduité.
Organisation.

La bibliothèque est ouverte les lundis de 1 heure à 6 heures.
Bibliothèque.

CHAPITRE XX

Écoles dentaires.

Il existe à Paris trois établissements libres d'enseignement supérieur dentaire :
Objet et organisation.

1° École dentaire de Paris;
2° École odontotechnique;
3° École dentaire française.

Ces Écoles ont pour objet de former des chirurgiens dentistes, grade créé par la loi du 30 novembre 1892, et de permettre aux candidats munis du diplôme de bachelier, du certificat d'études secondaires, ou du certificat d'études primaires supérieures, de se présenter aux examens probatoires devant la Faculté de Médecine, conformément aux lois et décrets sur l'exercice de l'art dentaire.

Enseignements. — Les études en vue de ce diplôme ont une durée de trois ans, et comprennent les enseignements suivants :
Éléments d'anatomie et physiologie ;
Anatomie et physiologie spéciales de la bouche ;
Éléments de pathologie et thérapeutique ;
Pathologie spéciale de la bouche ;
Médicaments anesthésiques ;
Clinique : Affections dentaires et maladies qui y sont liées. Opérations.
Exécution d'un pièce de prothèse dentaire.

Inscriptions. — Les inscriptions à ces Écoles sont reçues, la première, du 15 octobre au 15 novembre, et les inscriptions trimestrielles suivantes, du 1er au 15 janvier, — du 1er au 15 avril, — du 1er au 15 juillet. — La douzième et dernière inscription est prise du 20 juin au 1er juillet.

Droits d'inscriptions et d'études. — Les droits d'inscriptions et d'études varient, suivant les Écoles, de de 1000 à 1500 francs, sans compter les droits d'examens à la Faculté de Médecine, qui s'élèvent à 250 francs.

CHAPITRE XXI

Ecole spéciale d'Architecture.

Origines et objet. — L'*École spéciale d'Architecture*, fondée en 1865, a pour but de former des architectes. Elle admet comme élèves des nationaux et des étrangers ; elle reçoit des auditeurs libres.

Organisation. — Nul n'est admis comme élève qu'après avoir subi un examen spécial. Il n'y a pas de limite d'âge.
Les études normales durent trois ans. Les cours et les ateliers s'ouvrent le 10 octobre et ferment le 10 juillet.
L'*École* décerne un diplôme, à la fin de la troisième année, aux élèves qui ont satisfait à toutes les épreuves réglementaires.
Le prix de l'enseignement est de 850 francs par an.

Bibliothèque. — La bibliothèque est ouverte de 10 heures à 5 heures, sauf les dimanches.

CINQUIÈME PARTIE

Tableau des cours d'enseignement supérieur faits à l'Université, dans les établissements scientifiques, dans les Écoles spéciales et à l'École libre des Sciences politiques.

INDICATION DES ENSEIGNEMENTS	NOMS DES PROFESSEURS	ÉTABLISSEMENTS	
	MM.		*Théologie et Sciences religieuses.*
Dogme luthérien.	Ménégoz.	Faculté de Théologie protestante.	
Dogme réformé.	Monnier.	Id.	
Morale évangélique.	Ehrhardt.	Id.	
Patristique.	J. Réville.	Id.	
Ancien testament.	Lods.	Id.	
Nouveau testament.	Stapfer.	Id.	
Théologie pratique.	Vaucher.	Id.	
Religion assyro-babylonienne.	C. Fossey.	École des Hautes-Études.	
Christianisme byzantin.	G. Millet.	Id.	
Religions primitives de l'Europe.	Hubert.	Id.	
Religions de la Grèce et de Rome.	Berthelot. — Toutain.	Id.	
Religions de l'Égypte.	Amélineau.	Id.	
Religions de l'Extrême Orient et de l'Amérique indienne.	De Rosny.	Id.	
Religions de l'Inde.	S. Lévi. — Foucher.	Id.	
Islamisme et religions de l'Arabie.	H. Derenbourg.	Id.	
Religion de l'Ancien Mexique.	G. Raynaud.	Id.	
Religions d'Israël et des Sémites occidentaux.	M. Vernes.	Id.	
Judaïsme talmudique et rabbinique.	Isr. Lévi.	Id.	
Religions des peuples non civilisés.	Mauss.	Id.	
Religions des Sémites septentrionaux.	Isidore Lévy.	Id.	
Histoire des dogmes.	A. Réville. — Picavet.	Id.	
Histoire du droit canon.	Esmein.	Id.	
Histoire ecclésiastique.	Bonet Maury. — Viénot.	Faculté de Théologie protestante.	
Littérature chrétienne et histoire de l'Église.	J. Réville. — E. de Faye.	École des Hautes-Études.	

INDICATION DES ENSEIGNEMENTS	NOMS DES PROFESSEURS	ÉTABLISSEMENTS
	MM.	
Théologie et Sciences religieuses.		
Histoire des anciennes Églises d'Orient.	Deramey.	École des Hautes-Études.
Histoire de la littérature biblique.	A. Loisy.	Id.
Histoire des religions.	A. Réville.	Collège de France.
Philosophie et Histoire de la philosophie.		
Philosophie.	Séailles.	Faculté des Lettres.
Id.	Hamelin.	École normale supérieure.
Psychologie.	V. Egger.	Faculté des Lettres.
Psychologie expérimentale.	Dumas.	Id.
Psychologie expérimentale et comparée.	Pierre Janet.	Collège de France.
Science de l'éducation.	Buisson. — Durkheim.	Faculté des Lettres.
Histoire de la philosophie.	Rauh.	École normale supérieure.
Id.	Allier.	Faculté de Théologie protestante.
Id.	Delbos.	Faculté des Lettres.
Philosophie grecque et latine.	Bergson.	Collège de France.
Histoire de la philosophie ancienne.	Brochard.	Faculté des Lettres.
Philosophie moderne.	Tarde.	Collège de France.
Histoire de la philosophie moderne.	Boutroux. — Lévy-Bruhl.	Faculté des Lettres.
Histoire des doctrines contemporaines de psychologie physiologique.	J. Soury.	École des Hautes-Études.
Philosophie sociale.	Izoulet.	Collège de France.
Sciences juridiques.		
Droit administratif.	Berthélemy.	Faculté de Droit.
Id.	Jacquelin.	Id.
Id.	Sauzet.	Id.
Id.	Marguerie. — Romieu.	Ponts et Chaussées.
Id. et législation rurale.	Chaptal.	Institut agronomique.
Droit civil.	Boistel. — Weiss. — Piédelièvre. — Planiol. — Massigli. — A. Colin.	Faculté de Droit.
Droit commercial.	Alglave.	Conservatoire des Arts et Métiers.
Id.	Thaller.	Faculté de Droit.
Droit constitutionnel comparé.	Chavegrin.	Id.
Droit criminel.	Garçon.	Id.
Droit des gens.	Dupuis.	École libre des Sciences politiques.
Droit international.	Renault.	Id.
Id. Id. public.	Leseur. — Renault.	Faculté de Droit.
Droit international privé.	Lainé.	Id.
Droit maritime et législation commerciale.	Lyon-Caen.	Id.
Droit musulman.	Estoublon.	Id.

INDICATION DES ENSEIGNEMENTS	NOMS DES PROFESSEURS	ÉTABLISSEMENTS
	MM.	
Droit musulman.	Houdas.	École libre des Sciences politiques.
Droit égyptien.	Révillout.	École du Louvre.
Droit romain.	Audibert. — Bartin. — Girard. — Jobbé-Duval.	Faculté de Droit.
Id.		Id.
Principes du droit public.	Larnaude.	Id.
Législation algérienne et coloniale.	Wilhelm.	École libre des Sciences politiques.
Législation civile comparée.	Flach.	Id.
Id. Id.	Saleilles.	Faculté de Droit.
Législation et économie industrielles.	Jay.	Id.
Législation industrielle.	Pelletier.	École centrale des Arts et Manufactures.
Législation et économie rurales.	Souchon.	Faculté de Droit.
Législation coloniale.	Lescur. — Estoublon.	Id.
Id. commerciale et maritime comparée.	Lyon-Caen.	École libre des Sciences politiques.
Commerce extérieur et législation douanière, etc.	Arnauné.	Id.
Législation financière.	Jacquelin.	Faculté de Droit.
Id. fiscale de la France.	Plaffain.	École libre des Sciences politiques.
Règles de la comptabilité publique en France.	Boulanger.	Id.
Législation française des finances et science financière.	Alglave.	Faculté de Droit.
Finances publiques.	Stourm.	École libre des Sciences politiques.
Législation budgétaire de la France.	Courtin.	Id.
Législation minière.	Aguillon.	École des Mines.
Id. ouvrière.	Paulet.	École libre des Sciences politiques.
Id. pénale comparée.	Leveillé. — Le Poittevin.	Faculté de Droit.
Id. rurale et droit administratif.	Gauwain.	Institut agronomique.
Matières administratives.	Romieu. — Tardieu.	École libre des Sc. polit.
Pandectes.	Gérardin.	Faculté de Droit.
Procédure civile et voies d'exécution.	Glasson.	Id.
Histoire du droit. Éléments du droit constitutionnel.	Chénon.	Id.
Histoire du droit civil et du droit canonique au moyen âge.	P. Viollet.	École des Chartes.
Histoire du droit français.	Lefebvre.	Faculté de Droit.
Id. public français.	Esmein.	Id.
Id. public romain.	Cuq.	Id.
Histoire des législations comparées.	Flach.	Collège de France.
Histoire des traités.	Pillet.	Faculté de Droit.

	INDICATION DES ENSEIGNEMENTS	NOMS DES PROFESSEURS	ÉTABLISSEMENTS
Sciences économiques et sociales.	Assurance et prévoyance sociales.	MM. L. Mabilleau.	Conservatoire des Arts-et-Métiers.
	Économie coloniale.	Léveillé.	Faculté de Droit.
	Id. industrielle et statistique.	Liesse.	Conservatoire des Arts et Métiers.
	Économie politique.	Cauwès. — Beauregard.	Faculté de Droit.
	Id. Id.	Bourguin.	Id.
	Id. Id.	Souchon.	Institut agronomique.
	Id. Id. et finances.	Colson.	École des Ponts et Chaussées.
	Id. Id.	Cheysson.	École des Mines.
	Id. Id.	Leroy-Beaulieu.	Collège de France.
	Id. Id.	De Foville.	École libre des Sciences politiques.
	Id. Id. et législation industrielle.	Levasseur.	Conservatoire des Arts et Métiers.
	Économie rurale.	Convert.	Institut agronomique.
	Id. Id.	Tardy.	Id.
	Id. sociale.	Ch. Gide.	École des Ponts et Chaussées.
	Id. Id.	Cheysson.	École libre des Sciences politiques.
	Id. Id.	Beauregard.	Conservatoire des Arts et Métiers.
	Id. Id. comparée.	Ch. Gide.	Faculté de Droit.
	Questions agricoles en France au point de vue économique.	D. Zolla.	École libre des Sciences politiques.
	Sociologie et sociographie musulmanes.	Le Chatelier.	Collège de France.
	Histoire des doctrines économiques.	Deschamps.	Faculté de Droit.
	Histoire des doctrines politiques.	H. Michel.	Faculté des Lettres.
	Histoire de l'Économie sociale.	Espinas.	Id.
	Statistique.	Fernand Faure.	Faculté de Droit.
	Évolution des doctrines économiques et sociales en Allemagne et en Angleterre.	E. Halévy.	École libre des Sciences politiques.
	Organisation et pratique administrative en France et dans les pays étrangers.	Levavasseur de Précourt.	Id.
	Histoire du travail.	Renard.	Conservatoire des Arts et Métiers.
	Questions politiques et économiques dans l'Asie Orientale.	Silvestre.	École libre des Sciences politiques.
	Hygiène publique.	J. Fleury.	Id.
Sciences historiques.	Histoire.	Monod. — Thévenin. — Roy. — Reuss. — Lot.	École des Hautes-Études.

INDICATION DES ENSEIGNEMENTS	NOMS DES PROFESSEURS	ÉTABLISSEMENTS
	MM.	
Histoire.	Monod. — Pfister. — Bourgeois.	École normale supérieure.
Histoire générale.	Lemonnier.	Ecole des Beaux-Arts.
Histoire ancienne.	Bouché-Leclercq.	Faculté des Lettres.
Id.	Guiraud.	Id.
Id.	Bloch.	École normale supérieure.
Philologie et antiquités assyriennes.	Oppert. — Scheil.	École des Hautes-Études.
Philologie et antiquités égyptiennes.	Maspero. — Guieysse. — Moret.	Id.
Antiquités chrétiennes.	L. Duchesne.	École des Hautes-Etudes.
Antiquités américaines.	Lejeal.	Collège de France.
Histoire ancienne des peuples de l'Orient.	Grébaut.	Faculté des Lettres.
Histoire du moyen âge.	Luchaire.	Id.
Histoire byzantine.	Diehl.	Id.
Histoire de la civilisation des peuples de l'Extrême-Orient.	Revon.	Id.
Histoire moderne.	E. Lavisse.	Id.
Histoire moderne et contemporaine.	Rambaud.	Id.
Histoire contemporaine.	Denis.	Id.
Histoire de la Révolution française.	Aulard.	Id.
Histoire des institutions politiques, administratives et judiciaires de la France.	J. Roy.	École des Chartes.
Pédagogie des sciences historiques.	Seignobos.	Faculté des Lettres.
Géographie, histoire et législation des États musulmans.	Paul Ravaisse.	École des Langues orientales.
Géographie, histoire et législation des peuples de l'Extrême-Orient.	H. Cordier.	Id.
Histoire diplomatique de l'Europe aux XVIIIe et XIXe siècles.	Bourgeois. — Sorel.	École libre des Sciences politiques.
Histoire parlementaire et législative de la France de 1789 à 1902.	Esmein.	Id.
Histoire politique des États de l'Europe pendant les 25 dernières années.	Leroy-Beaulieu.	Id.
Histoire constitutionnelle de l'Angleterre et des États-Unis.	Caudel.	Id.
Histoire constitutionnelle de l'Europe continentale.	Benoist.	Id.
Histoire des États-Unis d'Amérique.	Viallate.	Id.
Questions politiques et économiques dans l'Asie orientale.	Sylvestre.	Id.

Sciences historiques.

	INDICATION DES ENSEIGNEMENTS	NOMS DES PROFESSEURS	ÉTABLISSEMENTS
		MM.	
Sciences historiques.	Histoire de l'état de paix et de l'état de guerre au XIXe siècle.	Funck-Brentano.	École libre des Sciences politiques.
	Histoire des idées politiques pendant les deux derniers siècles.	Lévy-Bruhl. — Halévy.	Id.
	Politique coloniale des États européens depuis le traité de Versailles.	Schefer.	Id.
	Affaires d'Orient.	Vandal.	Id.
	Les grands hommes d'État du XIXe siècle.	Funck-Brentano.	Id.
Histoire de l'Art.	Histoire de l'art.	Lemonnier.	Faculté des Lettres.
	Id.	Rolland.	École normale supérieure.
	Esthétique et histoire de l'art.	Guillaume. — Lafenestre.	Collège de France.
	Id.	De Fourcaud.	École des Beaux-Arts.
	Histoire de l'architecture.	Magne.	Id.
	Id.	Bonnet.	École des Ponts et Chaussées.
	Histoire de l'architecture française au moyen âge et à la Renaissance.	Bœswillwald.	Id.
	Histoire de la peinture.	Lafenestre.	École du Louvre.
	Histoire de la sculpture du moyen âge, de la Renaissance et des temps modernes.	André Michel.	Id.
Histoire des Arts et des Sciences.	Histoire générale de la musique.	Bourgault-Ducoudray.	Conservatoire de Musique.
	Histoire des arts appliqués à l'industrie en France.	G. Migeon.	École du Louvre.
	Histoire générale des sciences.	Wyrouboff.	Collège de France.
Sciences auxiliaires de l'histoire.	Sciences auxiliaires de l'histoire.	Langlois.	Faculté des Lettres.
	Service des archives.	Lelong.	École des Chartes.
	Diplomatique.	Prou.	Id.
	Bibliographie et service des bibliothèques.	Ch. Mortet.	Id.
	Sources de l'histoire de France.	A. Molinier.	Id.
	Numismatique et glyptique.	E. Babelon.	Collège de France.
	Paléographie.	Molinier.	École normale supérieure.
	Id.	E. Berger.	École des Chartes.
Archéologie. Épigraphie.	Archéologie.	Collignon.	Faculté des Lettres.
	Histoire et archéologie (peinture et sculpture).	Pottier.	École des Beaux-Arts.
	Archéologie assyrienne.	Oppert.	Collège de France.

INDICATION DES ENSEIGNEMENTS	NOMS DES PROFESSEURS	ÉTABLISSEMENTS	
	MM.		*Archéologie.*
Archéologie égyptienne.	Pierret.	École du Louvre.	*Épigraphie.*
Id.	Maspéro. — Bénédite.	Collège de France.	
Archéologie orientale et céramique antique.	Heuzey. — Pottier.	École du Louvre.	
Archéologie orientale.	Clermont - Ganneau. — Chabot.	École des Hautes-Études.	
Archéologie du moyen âge.	R. de Lasteyrie.	École des Chartes.	
Archéologie nationale.	S. Reinach.	École du Louvre:	
Épigraphie et antiquités grecques.	Haussoullier.	École des Hautes-Études.	
Id.	Foucart.	Collège de France.	
Épigraphie orientale, araméenne, phénicienne, et céramique.	Ledrain.	École du Louvre.	
Épigraphie et antiquités romaines.	Cagnat.	Collège de France.	
Id.	Héron de Villefosse.	École des Hautes-Études.	
Épigraphie et antiquités sémitiques.	Clermont-Ganneau.	Collège de France.	
Géographie.	Vidal de la Blache.	Faculté des Lettres.	*Sciences géographiques.*
Id.	Schirmer.	Id.	
Id.	Gallois.	École normale supérieure.	
Géographie coloniale.	Dubois.	Faculté des Lettres.	
Géographie et colonisation des peuples de l'Afrique du Nord.	Aug. Bernard.	Id.	
Géographie commerciale et statistique.	Levasseur.	École libre des Sciences politiques.	
Id.	Leroy-Beaulieu.	Id.	
Géographie et ethnographie.	Gaidoz.	Id.	
Géographie historique.	Longnon.	École des Hautes-Études.	
Id.	Bérard.	Id.	
Géographie historique de la France.	Longnon.	Collège de France.	
Géographie, histoire et statistique économiques.	Levasseur.	Id.	
Géographie militaire.	Leblond.	École libre des Sc. polit.	
Géographie physique.	Vélain.	Faculté des Sciences.	
Géographie des possessions françaises de l'Afrique et de l'Extrême-Orient.	Pelet.	École libre des Sciences politiques.	
Colonisation comparée.	Chailley-Bert.	Id.	
Topographie.	Pelletan.	École des Mines.	
Organisation militaire comparée.	Malleterre.	École libre des Sciences politiques.	
Mathématiques.	Jordan.	Collège de France.	*Mathématiques pures.*
Id.	Baire.	Id.	
Id.	Raffy.	École normale supérieure.	

	INDICATION DES ENSEIGNEMENTS	NOMS DES PROFESSEURS	ÉTABLISSEMENTS
		MM.	
Mathématiques pures.	Mathématiques.	Homery.	Institut agronomique.
	Id.	Laurent.	Id.
	Mathématiques (agrégation).	Blutel.	Faculté des Sciences.
	Mathématiques générales.	Painlevé.	Id.
	Id. et topographie.	Pellissier.	Institut agronomique.
	Analyse supérieure et algèbre supérieure.	Picard.	Faculté des Sciences.
	Analyse mathématique.	Appell.	École centrale.
	Id. Id.	Garnier.	Id.
	Id. et mécanique.	Raffy.	Faculté des Sciences.
	Calcul différentiel et intégral.	Tannery.	École normale supérieure.
	Id.	Goursat.	Faculté des Sciences.
	Id.	Hadamard.	Id.
	Géométrie supérieure.	Darboux.	Id.
	Analyse et géométrie descriptive.	Pelletan.	École des Mines.
	Analyse et mécanique.	Haag.	École des Ponts et Chaussées.
	Id.	Adam.	
Mathématiques appliquées.	Astronomie mathématique et mécanique céleste.	Poincaré.	Faculté des Sciences.
	Astronomie physique.	Andoyer.	Id.
	Mécanique physique et expérimentale.	Kœnigs.	Id.
	Mécanique rationnelle.	Appell.	Id.
	Mécanique et astronomie.	Puiseux.	Id.
	Mécanique générale.	Charliat.	École centrale.
	Id.	Picard.	Id.
	Mécanique et astronomie.	Borel.	École normale supérieure.
	Mécanique analytique et mécanique céleste.	M. Lévy. — Hadamard.	Collège de France.
	Mécanique appliquée.	Lévy.	École centrale.
	Mécanique.	Lecornu.	École des Mines.
	Mécanique appliquée.	Bertrand de Fontviollant.	École centrale.
	Géométrie appliquée aux arts.	Laussedat. — Haag.	Conservatoire des Arts et Métiers.
	Géométrie descriptive.	Geffroy.	École centrale.
	Id.	G. Lévi.	Id.
	Id.	Rouché.	Conservatoire des Arts et Métiers.
	Id. et stéréotomie.	D'Ocagne.	École des Ponts et Chaussées.
	Id. appliquée à l'architecture.	Pillet.	École des Beaux-Arts.
	Physique mathématique et calcul des probabilités.	Boussinesq.	Faculté des Sciences.
	Mathématiques appliquées à l'architecture.	Bourlet.	École des Beaux-Arts.
	Mécanique appliquée.	Résal.	École des Ponts et Chaussées.

INDICATION DES ENSEIGNEMENTS	NOMS DES PROFESSEURS	ÉTABLISSEMENTS	
	MM.		
Mécanique appliquée.	Rabut.	Conservatoire des Arts et Métiers.	*Mathématiques appliquées.*
Mécanique appliquée aux arts.	Sauvage.	École des Ponts et Chaussées.	
Mécanique appliquée.	Gouilly.	École centrale.	
Id.	Rey.	Id.	
Machines.	Sauvage.	École des Mines.	
Éléments organiques des machines.	Ganne.	École centrale.	
Machines à vapeur et moteurs thermiques.	Walckenaer.	École des Ponts et Chaussées.	
Machines à vapeur.	Leroux.	École centrale.	
Id.	Bourdon.	Id.	
Mécanique agricole.	Thévenin.	Institut agronomique.	
Hydraulique agricole et urbaine.	Béchmann.	École des Ponts et Chaussées.	
Hydraulique et mécanique agricoles.	Hérisson.	Institut agronomique.	
Hydraulique agricole.	Pellissier.	Id.	
Stéréotomie et levé de plans.	Marcel Lambert.	École des Beaux-Arts.	
Résistance des matériaux.	Bérard.	École centrale.	
Chemins de fer.	Michaux.	Id.	
Id.	Fouan.	École des Ponts et Chaussées.	
Id.	Beaugey.	École des Mines.	
Id.	Deharme.	École centrale.	
Constructions civiles.	Guy.	Id.	
Id. métalliques.	Duplaix.	Id.	
Id. des machines.	Bodin.	Id.	
Id. Id.	Sauvage.	École des Mines.	
Id. Id.	Ribourt. — Forgues. — Pillon. — Dejust.	École centrale.	
Id. Id.	Forgues.	Id.	
Matériaux de construction.	Mesnager.	École des Ponts et Chaussées.	
Ponts	Résal.	Id.	
Id.	Séjourné.	Id.	
Procédés généraux de construction.	De Préaudeau.	Id.	
Routes.	Debauve.	Id.	
Id.	D'Ocagne.	Id.	
Travaux maritimes.	Quinette de Rochemont.	Id.	
Navigation intérieure.	De Mas.	Id.	
Travaux publics.	Forest.	École centrale.	
Id.	Boutillier.	Id.	
Comptabilité.	De Sauvage.	Institut agronomique.	
Physique.	Lippmann.	Faculté des Sciences.	*Sciences physiques.*
Id.	Bouty.	Id.	
Id.	Pellat.	Id.	

	INDICATION DES ENSEIGNEMENTS	NOMS DES PROFESSEURS	ÉTABLISSEMENTS
		MM.	
Sciences physiques.	Physique.	Leduc.	Faculté des Sciences.
	Id.	Curie.	Id.
	Physique.	Janet.	Id.
	Id.	Berthelot.	École de Pharmacie.
	Id.	Abraham.	École normale supérieure.
	Id.	Violle.	Id.
	Id.	Le Verrier.	École des Mines.
	Id. générale.	Chappuis.	École centrale.
	Id.	Hudelo.	Id.
	Id. générale et mathématique.	Brillouin.	Collège de France.
	Physique générale et expérimentale.	Mascart.	Id.
	Physique industrielle.	Grouvelle.	École centrale.
	Id. Id.	Fourchotte.	Id.
	Id. appliquée aux arts.	Violle.	Conservatoire des Arts et Métiers.
	Id. appliquée à l'histoire naturelle.	Becquerel.	Muséum d'Histoire naturelle.
	Physique médicale.	Gariel.	Faculté de Médecine.
	Id. Id.	A. Broca.	Id.
	Électricité appliquée.	De Neuville.	École des Ponts et Chaussées.
	Id. industrielle.	Rateau.	École des Mines.
	Id.	Monnier.	École centrale.
	Id.	Szarvady.	Id.
	Id.	Deprez.	Conservatoire des Arts et Métiers.
	Physique, chimie et géologie (architecture).	Riban.	École des Beaux-Arts.
	Physique et météorologie.	.ngot.	Institut agronomique.
	Id.	Dongier.	Id.
	Id. végétale.	Maquenne.	Muséum d'Histoire naturelle.
	Chimie.	Moissan.	Faculté des Sciences.
	Id.	Ditte.	Id.
	Id.	Pechard.	Id.
	Id.	Joannis.	Id.
	Id.	Gernez.	École normale supérieure.
	Id.	Pechard.	Id.
	Id. générale.	Jungfleisch.	Conservatoire des Arts et Métiers.
	Id. Id.	Urbain.	École centrale.
	Id. Id.	Gernez.	Id.
	Id. Id.	Bidet.	Institut agronomique.
	Id. Id.	Babu.	École des Mines.
	Id. analytique.	Riban.	Faculté des Sciences.
	Id. Id.	Villiers-Moriamé.	École de Pharmacie.
	Id. Id.	Chesneau.	Ecole des Mines.
	Id. Id.	Engel.	Ecole centrale.
	Id. Id.	Riché.	Id.

INDICATION DES ENSEIGNEMENTS	NOMS DES PROFESSEURS	ÉTABLISSEMENTS	
	MM.		*Sciences physiques.*
Chimie analytique.	Müntz. — Girard.	Institut agronomique.	
Id. biologique.	Duclaux.	Faculté des Sciences.	
Id. Id.	Gautier.	Faculté de Médecine.	
Id. Id.	Desgrez.	Id.	
Id. industrielle.	Vincent.	École centrale.	
Id. Id.	Le Chatelier.	École des Mines.	
Id. Id.	Fehrenbach.	École centrale.	
Id. Id.	Fleurent.	Conservatoire des Arts et Métiers.	
Id. minérale.	Matignon.	Faculté des Sciences.	
Id. Id.	Gautier.	École de Pharmacie.	
Id. Id.	Lebeau.	Id.	
Id. Id.	Le Chatelier.	Collège de France.	
Id. agricole et analyse chimique.	Schlœsing.	Conservatoire des Arts et Métiers.	
Chimie agricole.	Demoussy.	Institut agronomique.	
Id. appliquée à l'agriculture.	André.	Id.	
Chimie appliquée aux industries de la teinture.	De Luynes.	Conservatoire des Arts et Métiers.	
Chimie appliquée aux corps inorganiques.	Arnaud.	Muséum d'Histoire naturelle.	
Chimie appliquée.	Chabrié.	Faculté des Sciences.	
Id. organique.	Haller.	Id.	
Id. Id.	Bouveault.	Id.	
Id. Id.	Jungfleisch.	École de Pharmacie.	
Id. Id.	Moureu.	Id.	
Id. Id.	Berthelot.	Collège de France.	
Id. Id. appliquée.	Bidet.	Institut agronomique.	
Id. physique.	Jean Perrin.	Faculté des Sciences.	
Anatomie générale.	Ranvier. — Suchard.	Collège de France.	*Sciences naturelles.*
Anatomie comparée.	Perrier.	Muséum d'Histoire naturelle.	
Id. Id.	Pruvot.	Faculté des Sciences.	
Id. et physiologie.	Regnard.	Institut agronomique.	
Id. Id.	Portier.	Id.	
Anthropologie.	Hamy.	Muséum d'Histoire naturelle.	
Biologie des végétaux.	Van Tieghem.	Institut agronomique.	
Botanique.	Bonnier.	Faculté des Sciences.	
Id.	Mollard.	Id.	
Id.	Daguillon.	Id.	
Id.	Matruchot.	École normale supérieure.	
Id.	Van Tieghem.	Muséum d'Histoire naturelle.	
Id.	Bureau.	Id.	
Id. générale.	Guignard.	École de Pharmacie.	
Id. coloniale.	Dubard.	Faculté des Sciences.	
Cryptogamie.	Radais.	École de Pharmacie.	

	INDICATION DES ENSEIGNEMENTS	NOMS DES PROFESSEURS	ÉTABLISSEMENTS
Sciences naturelles.		MM.	
	Embryogénie comparée.	Henneguy.	Collège de France.
	Embryologie.	Le Dantec.	Faculté des Sciences.
	Géologie.	Haug. — N.	Id.
	Id.	N.	École normale supérieure.
	Id.	S. Meunier.	Muséum d'Histoire naturelle.
	Id.	Bertrand.	École des Mines.
	Id.	Richard.	Institut agronomique.
	Id. et minéralogie.	Richard.	École centrale.
	Id. appliquée à l'agriculture.	Cayeux.	Institut agronom.que.
	Géologie appliquée.	De Launay.	École des Mines.
	Histoire naturelle des corps inorganiques.	N.	Collège de France.
	Histoire naturelle des corps organisés.	Marey. — Franck.	Id.
	Histoire naturelle médicale.	Blanchard.	Faculté de Médecine.
	Id.	Guiard.	Id.
	Histologie.	Chatin.	Faculté des Sciences.
	Id.	Launois.	Faculté de Médecine.
	Id.	Mathias-Duval. — Launois.	Id.
	Microbiologie.	Kayser.	Institut agronomique.
	Minéralogie.	Wallerant.	Faculté des Sciences.
	Id.	Michel.	Id.
	Id.	Dufet.	École normale supérieure.
	Id.	Lacroix.	Muséum d'Histoire naturelle.
	Id.	Termier.	École des Mines.
	Id. et géologie.	Nivoit.	École des Ponts et Chaussées.
	Id. Id.	Bergeron.	École centrale.
	Paléontologie.	Boule.	Muséum d'Histoire naturelle.
	Id.	Douvillé.	École des Mines.
	Id. végétale.	Zeiller.	Id.
	Pétrographie.	Gentil.	Faculté des Sciences.
	Physiologie.	Dastre.	Id.
	Id.	Lapicque.	Id.
	Id.	Langlois.	Faculté de Médecine.
	Id. générale.	Grehant.	Muséum d'Histoire naturelle.
	Id. végétale appliquée à l'agriculture.	N.	Id.
	Zoologie.	Boutan.	Faculté des Sciences.
	Id.	Herouard.	Id.
	Id.	Caullery.	Id.
	Id.	R. Perrier.	Id.
	Id.	Coutière.	École de Pharmacie.
	Id.	Houssay.	École normale supérieure.
	Id.	Bouvier.	Muséum d'Hist. naturelle.

INDICATION DES ENSEIGNEMENTS	NOMS DES PROFESSEURS	ÉTABLISSEMENTS	
	MM.		
Zoologie.	Vaillant.	Muséum d'Histoire naturelle.	*Sciences naturelles.*
Id.	Oustalet.	Id.	
Id.	Joubin.	Id.	
Id.	Guénaux.	Institut agronomique.	
Id.	Marchal.	Id.	
Id. , anatomie, physiologie comparée.	N.	Faculté des Sciences.	
Id.	Delage.	Id.	
Zoologie, évolution des êtres organisés.	Giard.	Id.	
Accouchements.	Lepage.	Faculté de Médecine.	*Sciences médicales.*
Anatomie.	Poirier.	Id.	
Id.	Rieffel.	Id.	
Id.	Cunéo.	Id.	
Id. pathologique.	Cornil.	Id.	
Id. Id.	Legry.	Id.	
Cliniques, accouchements.	Pinard.	Id.	
Id. Id.	Budin.	Id.	
Id. affections de la peau.	Gaucher.	Institut de Médecine coloniale.	
Id. Id.	Jeanselme.	Id.	
Id. chirurgicales.	Berger.	Faculté de Médecine.	
Id. Id.	Le Dentu.	Id.	
Id. Id.	Terrier.	Id.	
Id. Id.	Tillaux.	Id.	
Id. chirurgicale infantile.	Kirmisson.	Id.	
Id. gynécologie.	Pozzi.	Id.	
Id. maladies cutanées et syphilitiques.	Gaucher.	Id.	
Id. maladies des enfants.	Grancher.	Id.	
Id. maladies du système nerveux.	Raymond.	Id.	
Id. médicales.	Debove.	Id.	
Id. Id.	Hayem.	Id.	
Id. Id.	Landouzy.	Id.	
Id. Id.	Dieulafoy.	Id.	
Id. ophtalmologie.	De La Personne.	Id.	
Id. psychologie mentale et maladies de l'encéphale.	Joffroy.	Id.	
Clinique, opérations et appareils.	Reclus.	Id.	
Clinique, voies urinaires.	Guyon.	Id.	
Chirurgie des pays chauds.	Le Dentu.	Institut de Médecine coloniale.	
Enseignement clinique.	Wurtz.	Id.	
Histoire de la médecine et de la chirurgie.	Dejerine.	Faculté de Médecine.	

INDICATION DES ENSEIGNEMENTS	NOMS DES PROFESSEURS	ÉTABLISSEMENTS
	MM.	
Hydrologie et minéralogie.	Bouchardat.	École de Pharmacie.
Hygiène.	Chantemesse.	Faculté de Médecine.
Id. appliquée.	Ménard.	École centrale.
Id. publique et grands travaux publics.	J. Fleury.	Ecole libre des Sciences politiques.
Maladies des yeux dans les pays chauds.	De La Personne.	Institut de Médecine coloniale.
Matière médicale.	Perrot.	École de Pharmacie.
Médecine.	D'Arsonval.	Collège de France.
Id. légale.	Brouardel.	Faculté de Médecine.
Id. Id.	Thoinot.	Id.
Id. Id.	Thoinot.	Institut de Médecine légale.
Id. Id.	Brouardel.	Id.
Id. Id.	Descoust.	Id.
Id. Id.	Vibert.	Id.
Obstétrique.	Potocki.	Faculté de Médecine.
Parasitologie.	Blanchard.	Institut de Médecine coloniale.
Pathologie chirurgicale.	Lannelongue.	Faculté de Médecine.
Id. comparée.	Chauveau.	Muséum d'Histoire naturelle.
Id. exotique.	Wurtz.	Institut de Médecine coloniale.
Id. expérimentale et comparée.	N.	Faculté de Médecine.
Pathologie externe.	Mauclaire.	Id.
Id. Id.	Faure.	Id.
Id. Id.	Marion.	Id.
Id. générale et comparée.	Charrin.	Collège de France.
Id. interne.	Brissaud.	Faculté de Médecine.
Id. Id.	Widal.	Id.
Id. Id.	Teissier.	Id.
Id. médicale.	Hutinel.	Id.
Id. et thérapeutique générale.	Bouchard.	Id.
Pathologie végétale.	Delacroix.	Institut agronomique.
Pharmacie clinique.	Prunier.	École de Pharmacie.
Id. galénique.	Bourquelot.	Id.
Pharmacologie.	Richaud.	Faculté de Médecine.
Id. et matière médicale.	Pouchet.	Id.
Physiologie.	Richet.	Id.
Physiologie, anatomie pathologique, chimie appliquées à la toxicologie.	Descoust. — Vibert. Ogier.	Institut de Médecine légale. Id.
Psychiatrie.	Roy. — Joffroy.	Id.
Id. médico-légale.	Dupré.	Id.
Technique bactériologique et hématologique.	Chantemesse.	Institut de Médecine coloniale.
Thérapeutique.	Gilbert.	Faculté de Médecine.
Id.	Vaquez.	Id.
Toxicologie.	Béhal.	École de Pharmacie.

INDICATION DES ENSEIGNEMENTS	NOMS DES PROFESSEURS	ÉTABLISSEMENTS	
	MM.		Sciences philologiques et grammaticales.
Grammaire.	Gœlzer.	École normale supérieure.	
Id. comparée.	Michel Bréal.	Collège de France.	
Id. Id.	Meillet.	École des Hautes-Études.	
Id. Id.	Gauthiot.	Id.	
Grammaire comparée du grec et du latin.	Gœlzer.	Faculté des Lettres.	
Grammaire historique de la langue française.	Roques.	École normale supérieure.	
Métrique.	Havet.	Faculté des lettres.	
Paléographie latine.	Chatelain.	Id.	
Philologie grecque.	Jacob.	École des Hautes-Études.	
Id.	Desrousseaux.	Id.	
Id. latine.	Havet.	Collège de France.	
Id. Id.	Chatelain.	École des Hautes-Études.	
Id. Id.	Havet.	Id.	
Phonétique générale et comparée.	Passy.	Id.	
Philologie romane.	P. Meyer.	École des Chartes.	
Id.	Thomas.	Faculté des Lettres.	
Id.	Morel-Fatio.	École des Hautes-Études.	
Id.	A. Thomas.	Id.	
Dialectologie de la Gaule romane.	Gilliéron.	Id.	
Abyssin.	Mondon-Vidailhet.	École des Langues orientales.	Étude des langues. Langues orientales et indo-européennes.
Annamite.	Bonet.	Id.	
Arabe.	Houdas.	École libre des Sciences politiques.	
Id.	Derenbourg.	École des Hautes-Études.	
Id. littéral.	Derenbourg.	École des Langues orientales.	
Id. vulgaire	Houdas. — Abd-el-Azis-Zenagui.	Id.	
Arménien.	Meillet.	Id.	
Langue et littérature arabes.	Barbier de Meynard.	Collège de France.	
Id. Id. araméennes.	Rubens Duval.	Id.	
Langue et littérature chinoises et tartares mandchoues.	Chavannes.	Id.	
Langues hébraïque, chaldaïque et syriaque.	Ph. Berger.	Id.	
Langue celtique.	Gaidoz.	École des Hautes-Études.	
Id. Id.	D'Arbois de Jubainville.	Collège de France.	
Chinois.	Vissière. — Wen-Houei.	École des Langues orient.	
Démotique, copte, hiératique.	Revillout.	École du Louvre.	
Éthiopien-himyarite et langues touraniennes.	Halévy.	École des Hautes-Études.	
Grec moderne.	Psichari. — Hubert Pernot.	École des Langues orientales.	

	INDICATION DES ENSEIGNEMENTS	NOMS DES PROFESSEURS	ÉTABLISSEMENTS
		MM.	
Langues orientales et indo-européennes.	Hébreu chaldaïque et syriaque.	Mayer Lambert.	École des Hautes-Études.
	Hindoustani et langue tamoule.	Vinson.	École des Langues orientales.
	Japonais.	De Rosny. — Hayasi.	Id.
	Malais.	Tugault.	Id.
	Malgache.	Durand.	Id.
	Persan.	Huart.	Id.
	Philologie byzantine et néo-grecque.	Psichari.	École des Hautes-Études.
	Roumain.	Picot.	École des Langues orient.
	Russe.	Boyer. — Gay.	Id.
	Id.	Haumant.	Faculté des Lettres.
	Sanscrit et grammaire comparée des langues indo-européennes.	V. Henry.	Id.
	Langue sanscrite.	Lévi. — Finot.	École des Hautes-Études.
	Id.	Foucher.	Id.
	Id.	S. Lévi.	Collège de France.
	Siamois.	Lorgeou.	École des Langues orient.
	Langues et littératures d'origine slave.	Léger.	Collège de France.
	Dialectes soudanais.	Rambaud.	École des Langues orient.
	Turc.	Barbier de Meynard.	Id.
	Id.	Sevadjian.	Id.
	Langue zende et pehlvie.	Meillet.	École des Hautes-Études.
Langues et littératures anciennes.	Éloquence grecque.	A. Croiset.	Faculté des Lettres.
	Poésie grecque.	Decharme.	Id.
	Littérature grecque.	Puech.	Id.
	Id.	Fougères.	Id.
	Id.	Maurice Croiset.	Collège de France.
	Langue et littérature grecques.	Girard.	École normale supérieure.
	Id.	Hauvette.	Id.
	Éloquence latine.	Martha.	Faculté des Lettres.
	Poésie latine.	Cartault.	Id.
	Littérature latine.	Lafaye.	Id.
	Id.	Gourbaud.	Id.
	Id.	Plessis.	École normale supérieure.
	Id.	Durand.	Id.
	Histoire de la littérature latine.	Boissier.	Collège de France.
Allemand. Anglais et littératures de l'Europe méridionale.	Langue et littérature allemandes.	Lichtenberger. — Andler.	Faculté des Lettres.
	Id. Id.	Lange.	Id.
	Langue et littérature d'origines germaniques.	Chuquet.	Collège de France.
	Allemand.	Andler. — Lévy.	École normale supérieure.
	Id.	N.	École des Ponts et Chaussées.

INDICATION DES ENSEIGNEMENTS	NOMS DES PROFESSEURS	ÉTABLISSEMENTS	
	MM.		*Allemand.*
Allemand.	Bossert.	École des Mines.	*Anglais*
Id.	Cart.	École libre des Sciences politiques.	*et littératures*
Langue et littérature anglaises.	Beljame.	Faculté des Lettres.	*de l'Europe*
Id. Id. Id.	Baret.	Id.	*méridionale.*
Anglais.	Baret.	École des Ponts et Chaussées.	
Id.	Morel.	École libre des Sciences politiques.	
Id.	Angellier.	École normale supérieure.	
Id.	Morel.	École des Mines.	
Langues et littératures de l'Europe méridionale.	P. Meyer. — Morel-Fatio.	Collège de France.	
Langues de l'Europe méridionale.	Gebhart.	Faculté des Lettres.	
Littérature italienne.	Dejob.	Id.	
Histoire de la langue française.	Brunot.	Faculté des Lettres.	*Langue*
Langue et littérature françaises du moyen âge.	Bédier.	Collège de France.	*et littérature*
Philologie romane et littérature française du moyen âge.	Thomas.	Faculté des Lettres.	*françaises.*
Histoire littéraire de la Renaissance.	A. Lefranc.	École des Hautes-Études.	
Éloquence française.	Lanson.	Faculté des Lettres.	
Littérature française.	Gazier.	Id.	
Id.	Reynier.	Id.	
Id. moderne.	N.	Collège de France.	
Poésie française.	Faguet.	Faculté des Lettres.	
Langue et littérature françaises.	Brunetière.	École normale supérieure.	
Id.	Chamard. — Gautier.	Id.	
Littérature.	Rocheblave.	École des Beaux-Arts.	
Histoire et littérature dramatiques.	Marcel Fouquier.	Conservatoire de Musique.	
Anatomie appliquée à la peinture.	Paul Richer.	École des Beaux Arts.	*Beaux-Arts*
Architecture.	Pillet.	École des Ponts et Chaussées.	*et Arts*
Id.	Delmas.	École centrale.	*d'agrément.*
Id.	De Dartein.	École des Ponts et Chaussées.	
Id.	Labussière.	École centrale.	
Id. élémentaire.	Bénard.	Id.	
Théorie de l'architecture.	Gundet.	École des Beaux-Arts.	
Art appliqué aux métiers.	Magne.	Conservatoire des Arts et Métiers.	

	INDICATION DES ENSEIGNEMENTS	NOMS DES PROFESSEURS	ÉTABLISSEMENTS
		MM.	
Beaux-Arts et Arts d'agrément.	Législation du bâtiment.	Mulle.	École des Beaux-Arts.
	Composition décorative.	Mayeux.	Id.
	Construction.	Humbert.	École des Mines.
	Id.	Monduit.	École des Beaux-Arts.
	Constructions civiles.	Pillet.	Conservatoire des Arts et Métiers.
	Id.	Denfer.	École centrale.
	Dessin.	Patricot.	École normale supérieure.
	Id.	J. Blanc.	École des Beaux-Arts.
	Id. graphique.	Muret.	Institut agronomique.
	Id. ornemental.	d'Espouy.	École des Beaux-Arts.
	Dessin et sculpture.	Bouguereau.	Id.
	Id.	H. Laurent.	Id.
	Id.	Merson.	Id.
	Id.	Lefèvre.	Id.
	Id.	Flameng.	Id.
	Id.	Injalbert.	Id.
	Id.	Coutan.	Id.
	Id.	Hugues.	Id.
	Id.	Lombard.	Id.
	Id.	Ferrary.	Id.
	Dessin appliqué à l'histoire naturelle.	Frémiet.	Muséum d'Histoire naturelle.
	Id.	Mme Lemaire.	Id.
	Modelage.	Allar.	École des Beaux-Arts.
	Perspective.	Julien.	Id.
	Sculpture sur pierre et sur marbre.	Peter.	École des Beaux-Arts.
	Travaux graphiques.	Caron.	École normale supérieure.
	Id.	Pillet.	École des Ponts et Chaussées.
	Id.	Coquelet.	École des Mines.
Musique, chant et déclamation.	Chant et déclamation lyrique.	Melchissédec. — Lhérie. — Isnardon. — Bertin.	Conservatoire de Musique et de Déclamation.
	Classe d'ensemble.	Lefebvre. — Marty.	Id.
	Harmonie, orgue et composition.	Pessard. — Guilmant, etc.	Id.
	Instruments à archet.	Lefort. — Berthelier.	Id.
	Id.	Rémy. — Nadaud. — Desjardins.	Id.
	Lecture à haute voix, diction et déclamation dramatiques.	Sylvain. — De Feraudy. — Laloir. — Mounet. — Le Bargy. — Berr.	Id.
	Enseignement musical.	Amand Chevé.	École normale supérieure.
	Piano, harpe.	Diemer. — De Beriot. — Delaborde. — Duvernoy, etc.	Conservatoire de Musique et de Déclamation.
	Théorie musicale.	Lenepveu. — Widor, etc.	Id.

INDICATION DES ENSEIGNEMENTS	NOMS DES PROFESSEURS	ÉTABLISSEMENTS	
	MM.		*Sciences agricoles.*
Agriculture.	Grandeau.	Conservatoire des Arts et Métiers.	
Id. générale et spéciale.	Schribaux.	Institut agronomique.	
Id. comparée.	Hitier.	Id.	
Arboriculture et horticulture.	Nanot.	Id.	
Culture.	Costantin.	Muséum d'Histoire naturelle.	
Cultures coloniales.	Dybowski.	Institut agronomique.	
Machines agricoles et constructions rurales.	Coupan.	Id.	
Id.	Ringelmann.	Id.	
Sylviculture.	Rivet.	Id.	
Viticulture.	Pacottet.	Id.	
Id.	Viala	Id.	
Hippologie.	Lavalard.	Id	
Zootechnie.	Mallèvre.	Id.	
Pisciculture.	Reveret-Watel.	École des Ponts et Chaussées.	*Pisciculture.*
Id.	Deloncle.	Institut agronomique.	
Exploitation des Mines.	Lebreton.	École des Mines.	*Exploitation des mines*
Id.	Mongin.	Id.	
Id.	Couriot.	École centrale.	
Filature et tissage.	Imbs.	Conservatoire des Arts et Métiers.	*Arts et métiers.*
Métallurgie	Lodin.	École des Mines.	
Id. générale.	De Retz.	École centrale.	
Id. et travail des métaux.	Le Verrier.	Conservatoire des Arts et Métiers.	
Sidérurgie.	Métayer.	École centrale.	
Technologie agricole.	Portier.	Institut agronomique.	*Technologie.*
Id.	Leudet.	Id.	
Id. chimique.	Jannetaz.	École centrale.	
Id. Id.	Boucheron.	Id.	
Affaires de banque, finances étrangères.	R.-G. Lévy.	École libre des Sciences politiques.	*Industrie commerciale.*
Monnaie, crédit et change.	Arnauné.	Id.	

TABLE DES MATIÈRES

PREMIÈRE PARTIE

Renseignements généraux.

DEUXIÈME PARTIE

Renseignements particuliers.

TROISIÈME PARTIE

Bureau de renseignements. Comités. Associations. Restaurant coopératif.

QUATRIÈME PARTIE

Établissements scientifiques. — Écoles spéciales. — Écoles libres.

CINQUIÈME PARTIE

a) Théologie et Sciences religieuses; *b*) Philosophie et histoire de la philosophie; *c*) Sciences juridiques; *d*) Sciences économiques et sociales; *e*) Sciences historiques; *f*) Histoire de l'art; *g*) Histoire des arts et des sciences; *h*) Sciences auxiliaires de l'histoire; *i*) Archéologie; *j*) Épigraphie; *k*) Sciences géographiques; *l*) Mathématiques pures; *m*) Mathématiques appliquées; *n*) Sciences physiques; *o*) Sciences naturelles; *p*) Sciences médicales; *q*) Sciences philologiques et grammaticales; *r*) Étude des langues : langues et littératures orientales et indo-européennes; *s*) Langues et littératures anciennes; *t*) Allemand, anglais et littératures de l'Europe méridionale; langue et littérature françaises; *u*) Beaux-arts et arts d'agrément; musique, chant, déclamation; *v*) Sciences agricoles; Pisciculture; *x*) Exploitation des mines; *y*) Arts et métiers; *z*) Technologie et industrie commerciale.

143-04. — Coulommiers, Imp. Paul BRODARD. — 3-04.

COULOMMIERS
Imprimerie PAUL BRODARD.

www.ingramcontent.com/pod-product-compliance
Ingram Content Group UK Ltd.
Pitfield, Milton Keynes, MK11 3LW, UK
UKHW020848120726
13693UKWH00002B/877